David Lewis

데이비드 루이스 / 선우환

<컴북스이론총서>는
현대를 호흡하는 사상가들을 소개합니다.
단순한 사상의 축약, 해제가 아닙니다.
해당 사상가를 연구해 온 전문가가 직접
사상가의 핵심 키워드 10개를 뽑아 해설하고 비평합니다.
인간과 비인간, 현실과 가상, 문화와 야만의
경계를 넘나드는 모든 사상을 싣겠습니다.
오늘을 살아가는 모든 이의 나침반이 되겠습니다.

컴북스이론총서

데이비드 루이스

선우환

대한민국, 서울, 커뮤니케이션북스, 2025

데이비드 루이스

지은이 선우환
펴낸이 박영률

초판 1쇄 펴낸날 2025년 8월 8일

커뮤니케이션북스
출판 등록 제313-2007-000166호(2007년 8월 17일)
02880 서울시 성북구 성북로 5-11
전화 (02) 7474 001, 팩스 (02) 736 5047
commbooks@commbooks.com
www.commbooks.com

ISBN 979-11-430-0915-9 04160

책값은 뒤표지에 표시되어 있습니다.

철학자들의 철학자 데이비드 루이스

데이비드 루이스(David Lewis, 1941~2001)는 오늘날 영어권 철학자들 사이에서 가장 큰 영향력을 발휘하는 철학자 중 한 명이다. 이를 보여 주는 실례로, 미국·영국·호주에서 최근 50년간 나온 중요한 철학 학술지에 실린 논문들에서 루이스의 이름은 역사상 그 어떤 철학자에 비겨도 언급되는 빈도의 측면에서 뒤지지 않는다. 그보다 더 중요한 것은 루이스가 오늘날 활동하는 여러 분석철학자들에게 개념적 도구들과 철학적 문제 틀을 마련해 줌으로써 그의 이름을 명시적으로 언급하지 않는 많은 철학적 작업들의 배경에도 존재한다는 사실이다. 루이스의 철학은 그와 철학적 입장을 공유하지 않는 다른 철학자들의 철학적 사유에도 매우 요긴하게 사용할 수 있는 풍부한 지적 자원들을 제공해 철학자들에게 지대한 영향력을 발휘했다. 이러한 맥락에서 대니얼 놀런(Daniel Nolan)이 루이스를 "철학자들의 철학자(philosopher's philosopher)"라고 부르는 것(Nolan, 2005: 1)은 매우 적절하다.

또한 루이스는 형이상학이 오늘날 분석철학자들 사이에서 유행하는 데 아마도 가장 직접적이고 중요한 기여를 한 철학자라고 할 수 있다. 그러나 루이스의 영향력은 좁은 의미의 형이상학에만 국한되지 않으며 언어철학, 논리철학, 수학철학, 심리철학, 과학철학, 인식론, 윤리학 등 넓은 범위에 걸쳐 있다. 루이스가 마련한 사유의 방법들과 개념적 도구들은 다양한 문제를 탐구하는 광범위한 철학 분야들에서 중요하게 사용되고 있다.

철학적 삶의 여정

루이스는 1941년 미국 오하이오주에서 태어났다. 원래 스와스모어대학교 학부에서 화학을 공부하려 했으나, 영국 옥스퍼드대학교에 한 학기 교환학생으로 있을 때 길버트 라일(Gilbert Ryle)의 심리철학 강의를 듣고 너무나 매료되어 미국에 돌아와서 철학을 공부하기로 결심했다. 철학으로 학부 과정을 마친 루이스는 하버드대학교의 대학원 과정에서 철학을 공부했고, 1967년 윌러드 밴 오먼 콰인(Willard Van Orman Quine)을 지도 교수로 해서 박사 학위를 받았다. 그 후 캘리포니아대학교 로스앤젤레스캠퍼

스에서 몇 해를 가르쳤고, 1970년부터 30년간 프린스턴대학교 철학과 교수로 있으면서 여러 중요한 철학적 작업을 했다. 한창 왕성하게 철학적 활동을 하다가 2001년 60세라는 아까운 나이에 당뇨병의 합병증으로 세상을 떠났다.

루이스의 철학적 재능은 대학원 과정에 있는 동안 심리철학에서의 기능주의(functionalism)를 창안하는 논문을 발표할 정도로 젊었을 때부터 두각을 나타냈다. 언어철학에 대한 박사 학위 논문은 ≪협약: 철학적 연구(Convention: A Philosophical Study)≫(1969)라는 책으로 출간되었다.

루이스는 1960년대 말부터 양상 언어의 의미론과 형이상학에 대한 중요한 이론들[상대역 이론(counterpart theory)과 양상 실재론(modal realism)]을 담은 논문을 발표하기 시작했다. 이러한 작업은 반사실 조건문(counterfactual conditional)에 대한 연구와 결합해 ≪반사실 조건문(Counterfactuals)≫(1973)이라는 저서에서 결실을 보았다. 또한 루이스는 이 저서가 나온 해에 유명한 인과 분석을 담은 논문을 처음 내놓기도 했다. 1970년대 이후 나온 그 밖의 논문들에서는 지금까지 언급한 주제들 외에도 시간적 지속, 확률, 합리적 결정, 보편자, 사건, 자연법칙, 의미, 믿음 등의 주제들에 대해 극히 중요한 이론이나 분석을 제시했다.

1983년과 1986년에는 그때까지의 논문들이 두 권의 ≪철학 논문집(Philosophical Papers)≫으로 엮여 나왔다. 1권은 존재론, 심리철학, 언어철학 분야의 논문들을, 2권은 반사실 조건문과 시간, 확률, 인과, 의존과 결정이라는 네 주제하의 논문들을 수록했다. 그중 많은 논문들에 상세한 후기를 첨부했다. 또한 논문집 2권이 나온 해에 형이상학에 대한 자신의 여러 작업들을 종합하면서 양상 실재론을 체계적으로 옹호하는 루이스의 주저 ≪세계의 다수성에 대하여(On the Plurality of Worlds)≫(1986)가 출판되었다.

1990년대에는 부분전체론(mereology)의 개념들을 사용해 집합론을 구성하려는 시도를 담은 저서 ≪집합의 부분들(Parts of Classes)≫(1991)이 출간되었다. 생애의 마지막 무렵에는 앞선 두 논문집에서 누락된 논문들과 그 후에 저술한 논문들이 세 권의 논문집으로 엮여 나왔다. 이들 논문집은 각각 크게 철학적 논리학(Lewis, 1998), 형이상학과 인식론(Lewis, 1999), 윤리학과 사회철학(Lewis, 2000) 분야로 분류되어 다양한 주제의 논문들을 포함한다.

루이스 철학의 부분과 전체

루이스가 여러 영역의 철학자들에게 지대한 영향력을 미치는 이유는 무엇보다 그가 매우 분석적인 철학자이기 때문이다. 루이스의 철학적 작업 중 상당 부분은 개념 분석이다. 루이스는 수많은 기본적 개념들에 대한 영향력 있는 철학적 분석을 제시했다. 이들 개념 분석은 여러 분야의 철학자들에게 소중한 도구를 제공한다. 이것이 루이스가 지닌 영향력의 주요한 원천이다. 루이스는 서로 독립적인 논문들을 통해 작업하는 경우가 많았는데, 이들 논문은 대개 각각 정교한 분석들을 자기 완결적으로 담고 있다. 각각 그 자체로 중요한 아이디어들을 포함하므로 각 논문의 성패는 자주 그 논문 내에서 결정된다. 이러한 맥락에서 루이스는 가장 전형적인 분석철학자라고 할 수 있다. 한 번의 큰 전쟁을 통해 승리하려 하기보다는 수많은 전투들에서 승리하려 하는 듯하다.

이와 동시에 루이스는 체계적인 형이상학자로서 면모를 차차 드러낸다. 전투에서 루이스가 거둔 승리들은 결국 큰 전쟁에서의 승리로 수렴된다. 루이스의 철학적 작업은 마치 모자이크와 같다. 각각의 타일들이 각각의 색깔을 지니고 있다. 가까이서만 볼 때는 의식하기 힘들지만 멀리서

볼 때 우리는 그 타일들이 결국 하나의 큰 그림을 이룬다는 것을 깨닫는다. 루이스가 다양한 영역에서 행한 분석들은 대개 서로 독립적이지만 몇 가지 형이상학적 이론에 비추어 보면 더 큰 그림의 부분들로 자리 잡을 수 있다.

루이스의 철학적 정신과 이에 따른 작업

루이스의 철학적 정신은 기초적 논리 체계에 바탕을 두고 가장 명료하고 기본적인 개념들에 의거해 신비스럽지 않은 방식으로 세계를 해명하는 데 있다.

루이스가 철학계에 등장하기 전의 중요한 철학자인 콰인은 양상 논리(modal logic) 즉 가능성·필연성 등 양상 개념을 다루는 논리가 신비스러운 본질(essence) 개념을 철학에 다시 끌어들일 것이라고 신랄하게 비판했다. 한편 솔 크립키(Saul Kripke) 등 양상 논리의 옹호자들은 본질 개념이 충분히 받아들일 만하다는 입장에서 가능세계 의미론(possible worlds semantics)을 발전시켰다. 이에 대해 콰인을 위시한 철학자들은 가능세계 의미론이 통세계적 동일성 문제(the problem of transworld identity)라는 또 다른 문제를 낳을 것이라고 우려했다. 이러한 상황에서 루이스는 본질 개념과 여러 양상 개념들을 양상 논리 없이 가장 기본적인 논리 체계인 일차술어논리(first-order predicate logic) 체계에서 분석하고 정의할 수 있다고 주장했다. 이 것이 루이스의 상대역 이론이다. 본질 개념과 같이 신비스럽고 심오하게 여겨지는 개념을 우리가 이해할 수 있는 가장 기본적인 체계에서 명료하게 해명하고자 한 것이다.

근세 철학자 데이비드 흄(David Hume) 역시 인과적 힘(causal power)과 같은 신비스러운 개념을 제거하려 했다. 그러나 흄이 대안으로 제안한 규칙성 이론(regularity theory)은 인과 개념의 핵심을 포착하는 데 치명적으로 부족하다는 점이 드러났다. 이에 루이스는 인과에 대한 반사실 조건문적 이론(counterfactual theory)을 제시해 인과적 힘과 같은 개념을 요구하지 않고서 인과 개념을 가장 기본적인 개념들에 의거해 분석하는 상당히 효과적인 제안을 했다.

그 밖에도 루이스는 속성(property), 성향(disposition), 명제(proposition), 의미(meaning), 지속[persistence. 또는 통시간적 동일성(trans-temporal identity)], 자연법칙(law of nature) 등 흔히 신비스럽게 여겨지거나 해명되기 어렵다고 여겨지는 개념들을 매우 기본적인 개념들로부터 해명하는 작업에서 큰 성과를 올렸다. 최종적으로 성공했는지 여부를 떠나서, 그 작업들이 어떻든 개념들 사이의 연결 관계에 대한 우리의 이해를 명료화하는 데 매우 유익한 기여를 했다는 사실은 부인하기 어렵다.

그런데 이런 효과적인 개념 분석에는 흔히 강한 형태의 양상 실재론 즉 가능세계에 대한 실재론이 중요하게 사용된다. 이 형이상학적 논제의 내용 자체는 매우 명료하고 기본적인 개념들로 서술되어 이해하기 어렵지 않지만, 그 논제를 받아들이는 데에는 많은 저항이 뒤따른다. 그러나 형이상학에 근거한 루이스의 분석들은 형이상학적 견해에 동의하지 않는 철학자들에게도 매우 효과적이기 때문에, 그것들을 가능케 하는 형이상학을 진지하게 고려하게 하거나 최소한 대안적 형이상학을 모색하도록 동기를 제공한다.

루이스의 철학적 정신에 따라 세계를 가장 명료하고 기본적인 개념 틀에 의거해 신비스럽지 않은 방식으로 해명했다고 가정하자. 이때 우리는 세계의 사물들이 어떤 식으로 존재하고 배열되어 있는지 순수하게 질적인 방식으로 서술하는 것이 곧 세계에 대해 완전히 서술하는 것이라는 형이상학적 논제를 받아들일 수 있게 된다. 루이스가 '흄적 수반(Humean supervenience)'이라고 부르는 이 논제에 따르면 기본적 개념들에 의거해 세계에 대해 서술될 수 있는 사실들 외에 또 다른 신비스러운 사실들은 존재하지 않는다.

그리하여 루이스의 두 형이상학적 논제 즉 양상 실재론과 흄적 수반 논제가 그의 개념 분석들과 긴밀하게 연관되며 가장 중요하게 부각된다. 그 밖에도 유물론(materialism), 4차원주의(four-dimensionalism), 부분전체론적 보편주의(mereological universalism)와 같은 다른 형이상학적 입장들이 개념 분석들과 연결되면서 루이스의 철학적 작업에서 중요한 역할을 한다.

이 책의 순서

이 책은 루이스의 분석들을 관통해 연결되는 형이상학 이론들 중 가장 근본적이고 중요한 두 형이상학적 논제, 즉 양상 실재론과 흄적 수반 논제를 먼저 살펴본다. 그러나 그 두 논제는 개별적 분석들과 연관될 때만 중요성을 갖는다. 따라서 루이스가 제시한 다양한 개별적 분석 중에서 가장 대표적인 것들(양상, 자연법칙, 반사실 조건문, 인과, 지식 등에 대한 분석들)에 대해 뒤이어 논의한다.

이는 루이스가 실제로 작업한 순서를 뒤바꾼 것이다. 두 형이상학적 논제가 처음부터 분석들의 배후에서 암묵적으로 작용했다고 하더라도, 대체로 이 두 논제는 루이스가 개별적 분석들에 대한 작업을 상당히 진행한 후에야 공식적으로 모습을 드러냈다. 이 책은 순서를 뒤바꿔 루이스의 개별적 분석들에 대해 논의할 때 독자들이 그 배후에 있는 더 큰 그림을 명시적으로 의식하게 하려 한다.

참고문헌

Beebee, H. & Fisher, A.(eds.)(2020). *Philosophical Letters of David K. Lewis*(2 volumes). New York: Oxford University Press.

Beebee, H. & Fisher, A.(eds.)(2022). *Perspectives on the Philosophy of David K. Lewis*. New York: Oxford University Press.

Jackson, F. & Priest, G.(eds.)(2004). *Lewisian Themes: The Philosophy of David K. Lewis*. Oxford: Oxford University Press.

Kripke, S.(1980). *Naming and Necessity*. Cambridge: Harvard University Press.

Lewis, D.(1968). Counterpart Theory and Quantified Modal Logic. *Journal of Philosophy*, *65*. reprinted in PP1.

Lewis, D.(1969). *Convention: A Philosophical Study*. Cambridge, MA: Harvard University Press.

Lewis, D.(1973). *Counterfactuals*. Cambridge: Harvard University Press. [Cf]

Lewis, D.(1983). *Philosophical Papers*, vol. 1. Oxford: Oxford University Press. [PP1]

Lewis, D.(1986a). *Philosophical Papers*, vol. 2. Oxford: Oxford University Press. [PP2]

Lewis, D.(1986b). *On the Plurality of Worlds*. Oxford: Blackwell. [OPW]

Lewis, D.(1991). *Parts of Classes*. Oxford: Blackwell Publishers.

Lewis, D.(1998). *Papers in Philosophical Logic*. Cambridge: Cambridge University Press.

Lewis, D.(1999). *Papers in Metaphysics and Epistemology*.

Cambridge: Cambridge University Press. [PME]

Lewis, D.(2000). *Papers in Ethics and Social Philosophy.* Cambridge: Cambridge University Press.

Loewer, B. & Schaffer, J.(eds.)(2015). *A Companion to David Lewis.* Chichester, West Sussex; Malden, MA: John Wiley & Sons Inc.

Nolan, D.(2005). *David Lewis.* McGill-Queen's University Press.

Preyer, G. & Siebelt, F.(eds.)(2001). *Reality and Humean Supervenience: Essays on the Philosophy of David Lewis.* Lanham, MD: Rowman & Littlefield Publishers.

Quine, W. V. O.(1953). Reference and Modality. *From a Logical Point of View.* New York: Harper and Row.

차례

일러두기

- 인명, 작품명, 저서명, 개념어 등은 한글과 함께 괄호 안에 해당 국가의 원어를 병기했습니다.
- 외래어 표기는 현행 어문규정의 외래어표기법을 따랐습니다.
- 언어적 표현을 가리킬 때는 인용부호를 사용했으며, 관계나 속성을 가리킬 때는 홑화살괄호(< >)를 사용했습니다.
- 데이비드 루이스의 주요 서적을 아래와 같이 약어로 표기했습니다.

–**Cf** *Counterfactuals.* Cambridge: Harvard University Press, 1973.

–**PP1** *Philosophical Papers*, vol. 1. Oxford: Oxford University Press, 1983.

–**PP2** *Philosophical Papers*, vol. 2. Oxford: Oxford University Press, 1986.

–**OPW** *On the Plurality of Worlds.* Oxford: Blackwell, 1986.

–**PME** *Papers in Metaphysics and Epistemology.* Cambridge: Cambridge University Press, 1999.

01
가능세계 실재론

루이스의 첫째 근본 형이상학 논제인 양상 실재론 즉 가능세계 실재론에 따르면 현실 세계 외에 무한히 많은 가능세계들이 존재한다. 그뿐 아니라 루이스의 참된 양상 실재론에 따르면 그 가능세계들은 현실 세계와 마찬가지의 동등한 실재성을 지닌 구체적 존재자다. 이 논제의 핵심 논거는 철학적 분석에서의 유용성이지만, 상식을 뒤집는 입장으로 많은 비판을 불러일으키기도 한다.

참된 양상 실재론

루이스의 철학에서 축을 이루는 두 가지 근본적인 형이상학적 논제가 있다. 그중 첫째 논제가 양상 실재론(modal realism) 즉 가능세계 실재론이다.

양상 실재론은 현실 세계 외의 가능세계들이 존재한다는 주장이다. 루이스는 양상 실재론 중에서도 '참된 양상 실재론(genuine modal realism)' 혹은 '극단적 양상 실재론(extreme modal realism)'이라고 불리는 입장을 받아들인다. 참된 양상 실재론에 따르면 다른 가능세계들(현실적이지 않은 가능세계들)은 현실 세계가 그러하듯이 수많은 원자들, 유기체들, 행성들 등으로 이루어진 것으로서 존재한다. 그 가능세계들은 피와 살로 이루어진 구체적 개체들을 포함하는 그 자체로 거대한 구체적 개체다. 루이스는 이러한 입장을 여러 곳에서 개진하다가 ≪세계의 다수성에 대하여≫에서 본격적으로 옹호 논의를 펼친다(PP1: 10-46; Cf; OPW).

현실 세계 외의 가능세계들이 존재해야 한다고 생각한 철학자들은 루이스 외에도 많이 있지만, 루이스처럼 극단적인 견해를 받아들인 철학자는 상당히 드물다. 흔히 고려되는 형태의 양상 실재론에서 가능세계들은 대개 명제, 속성, 사태 등 추상적 존재자들로부터 집합론적으로 구성된 대상이거나 그 밖의 방식으로 구성된 추상적 존재자다. 예를 들어 로버트 메리휴 애덤스(Robert Merrihew Adams)에 따르면 가능세계들은 명제들의 최대 일관적 집합들(maximally consistent sets of propositions)이다(Adams, 1974). (쉽게 말해 명제들을 모순 없이 최대한 모아 놓은 집합들 각각이 가능세계의 역할을 한다.) 또한 앨빈 플랜팅가(Alvin Plantinga)에 따르면 가능세계들은 최대 사태들(maximal states of affairs)이다(Plantinga, 1974). (플랜팅가에게 한 사태가 최대라는 것은 그 사태가 각각의 모든 사태를 함축하거나 배제하는 경우를 뜻한다.)

루이스는 이러한 종류의 입장들을 '대용자 양상 실재론(ersatz modal realism)'이라고 부르면서 자신의 참된 양상 실재론과 구별한다. 루이스에 따르면 이들 입장은 참된 가능세계들 대신 그것들의 대용품(ersatz)의 존재를 받아들일 뿐이다(OPW: Ch. 3).

참된 양상 실재론에 대한 논거들

루이스는 왜 온건한 형태의 양상 실재론이 아니라 극단적 형태의 양상 실재론을 받아들이는가? 혹은 더 나아가 왜 어떤 형태가 되었든 양상 실재론을 받아들이는가? (참된) 양상 실재론의 가정이 다양한 철학적 분석에 유용하기 때문이다. 루이스(와 그 밖의 철학자들)는 가능세계들을 언급하거나 그것들을 양화하는 다양한 철학적 분석을 제시했다. 그리고 그 분석들은 (혹은 최소한 그중 다수는) 루이스식 가능세계들의 존재를 가정해야만 적절하게 주어질 수 있다. 즉 (참된) 양상 실재론이 이론적으로 유용하다는 점이 우리가 그것을 믿을 만한 이유가 된다. 이는 집합의 존재에 대한 가정이 수학 언어를 분석하는 데 유용하기 때문에 집합의 존재를 믿을 만하다는 것과 유사하다. 루이스는 집합론이 제공하는 존재자들의 영역이 '수학자의 낙원'이라고 불리듯 (참된) 양상 실재론이 제공하는 존재자들의 영역이 '철학자의 낙원'이라 불릴 만하다고 말한다 (OPW: 3-5).

루이스가 참된 양상 실재론이 대용자 양상 실재론보다 분석적 유용성 면에서 우월하다고 믿는 이유 중 하나는 그것이 양상 개념에 대한 환원적 분석(즉 양상 개념을 전연 사용하지 않는 분석)을 제시할 수 있다는 데 있다. 일반적으로 가능세계 개념을 사용해 어떤 양상 개념을 분석하는 것은 그 자체로는 그 양상 개념에 대한 환원적 분석을 보장하지 않는다. 가능세계 개념은 가능성 개념을 포함한다는 점에서 양상 개념에 속한다고 간주될 수 있기 때문이다. 그런 생각에 걸맞게 대용자 양상 실재론에서는 대개 가능세계 개념 자체가 다른 양상 개념(예를 들어 일관성 개념이나 함축 개념)을 통해 정의된다.

그러나 루이스는 모든 양상 개념을 궁극적으로 비양상 개념으로 환원하기를 원하기 때문에, 양상 개념을 전연 사용하지 않고서 가능세계 개념을 새로이 정의한다. 루이스에 따르면 (가능)세계는 서로 시공간적으로 연결된 대상들을 최대한 합해서 그것들 모두를 부분으로 갖는 대상이다. [더욱 철학적인 용어로 말하자면, 가능세계는 서로 시공간적으로 연결된 대상들의 최대 부분전체론적(mereological) 합이다.] 여기서 시공간적으로 서로 연결되어 있다는 것은 서로에 대해 시공간적 거리를 가짐을 의미한다. 그리하여 한 세계에 있는 것과 다른 세계에 있는 것은 그것들이 시공간적으로 서로 연결되어 있지 않다는 점에서 나뉜다. 즉 그것들은 아무런 시공간적 거리를 갖지 않는다. 그것들은 서로에 가깝지도 멀지도 않다(OPW: Ch. 1.6).

참된 양상 실재론의 정식화

가능세계를 이런 식으로 이해할 때 우리는 가능세계가 최소한 하나 존재한다는 것을 이미 안다. 그 하나는 바로 우리가 살고 있는 이 세계다. 우리로부터 어떤 시공간적 거리를 가진 모든 대상을 생각해 보자. 그 대상들 모두를 부분으로 포함하는 전체가 바로 이런 의미에서의 한 세계다. 이제 문제가 되는 것은 그런 세계가 하나보다 더 많이 있느냐다. 우리가 살고 있는 세계의 대상들로부터 어떠한 시공간적 거리도 갖지 않는 대상들과 그런 대상들로 이루어진 세계들이 존재하는가?

루이스의 참된 양상 실재론은 그런 세계들이 무수히 존재한다는 논제다. 즉 그것은 다음과 같이 정식화될 수 있다.

(MR) 시공간적으로 서로 연결된 대상들의 최대 부분전체론적 합들(즉 세계들)이 무한히 많이 존재한다.

이렇게 정식화되었을 때 이 논제는 양상 개념이나 양상적 성격을 전혀 포함하지 않는다. 따라서 이 논제를 '양상 실재론'이라고 부르는 것에는 어느 정도 오해의 여지가 있다. 필자는 루이스의 이 논제에 대한 더 적절한 명칭이 '세계 다수론'이라고 생각하는데, 그럼에도 더 익숙한 명칭인 '양상 실재론'이라는 표현을 계속 사용하겠다.

참된 양상 실재론이 루이스가 의도하는 분석들에 유용하려면 구체적으로 어떠어떠한 세계들이 존재하는지에 대해서도 이야기해야 할 필요가 있다. 세계가 무한히 많이 존재하더라도 그 세계들이 모두 정확히 고양이 열일곱 마리씩을 포함하는 세계라면 참된 양상 실재론은 (양상 개념 분석을 포함한) 여러 분석들에 유용하지 않을 것이다. 고양이들의 수가 열일곱 마리가 아닐 가능한 경우는 그 세계들 중 어느 것에 의해서도 포착되지 않기 때문이다. 아마도 우리는 모든 가능한 경우에 대해 그에 상응하는 세계가 존재한다는 추가 조항을 덧붙일 수 있다. 그러나 그런 추가 조항은 명백히 양상 개념('가능한 경우')을 포함하며 이는 루이스가 원하는 바가 아니다. 루이스는 이런 문제를 피하기 위한 대책을 제시하지만 그가 제시한 대책은 어떤 세계들이 존재하는지 충분히 다 결정하기에는 미흡하다(OPW: Ch. 1.8). 따라서 분석에 적합한 참된 양상 실재론의 정식화가 완전히 이루어졌다고 생각해서는 안 될 것이다. 그러나 어떻든 루이스가 의도하는 바는 우리가 흔히 가능하다고 생각하는 모든 대상이 어딘가에는 진짜로 존재함을 보이는 것이다.

참된 양상 실재론은 받아들일 만한가

(MR)과 같은 논제를 접할 때 우리가 품는 의문 중 하나는 (MR)이 정말로 참이라면 그것이 왜 부풀려진 현실 세계(즉 시공간적으로 서로 연결된 대상들의 최대 합들이 무수히 많이 포함된 현실 세계)에 대한 이야기로 여겨져서는 안 되는가다. 즉 왜 (MR)은 여러 고립된 섬 우주들이 현실적으로 존재한다는 논제로 해석될 여지가 없는가? (MR) 자체는 그런 해석을 방지하지 않으며 그것이 허용되지 않는 것은 오직 루이스가 자신의 이론에 추가한 '현실적(actual)'에 대한 독특한 분석에 기인한다. 루이스의 분석에 따르면 '현실적'은 '우리와 시공간적으로 연결되어 있는'을 의미한다. [이런 분석은 루이스의 논문 "안셀무스와 현실성(Anselm and Actuality)"에서 처음 나타났다(PP1: 10-20). 또한 ≪세계의 다수성에 대하여≫에서 더욱 본격적으로 논의된다(OPW: Ch. 1.9).] 따라서 우리와 시공간적으로 단절된 대상은 정의상 현실적 대상일 수 없다. (MR)이 현실적으로 존재하는 여러 고립된 섬 우주들에 대한 이야기일 수 없게 하는 유일한 요소는 바로 이 정의다.

'현실적'에 대한 루이스의 분석에서 더욱 주목할 만한 점은 그의 분석이 '현실적'을 '나'나 '여기'와 같은 일종의 지표어(indexical)[혹은 자기중심적 어휘(egocentric term)]로 만든다는 것이다. 즉 현실적 대상은 우리와 시공간적으로 연결된 대상이다. 따라서 우리의 입장에서 비현실적인 누군가, 예를 들어 말하는 당나귀들이 '우리는 현실적 대상이다'라고 말할 때 그것 역시 참인 언명이다. 그 말하는 당나귀들은 자기들 스스로와 시공간적으로 연결되어 있기 때문이다. 따라서 우리 주위의 친숙한 당나귀들을 다른 세계에 있는 말하는 당나귀들과 구별하는 것은 아무것도 없다. 그들 모두 똑같은 의미에서 존재하고, 그들 중 앞의 당나귀들만이 현실적이라고 말할 수 있는 것은 오직 우리의 입장에서뿐이다. 말하자면 그들은 존재론적으로 완전히 대등하다.

루이스의 생각들을 좇다가 이 지점에 이르면 그의 참된 양상 실재론이 얼마나 우리의 상식에서 멀리 떨어져 있는지 절감하게 된다. 참된 양상 실재론에 따르면 우리가 상식적으로 존재하지 않는다고 생각했던 수많은 대상들(말하는 당나귀들, 푸른 백조들, 괴상한 귀신들, 황금산, 광속보다 빠른 초인들, 그 밖에 우리가 모순 없이 상상할 수 있는 모든 것)이 우리 눈앞의 책상이나 연필이 존재하는 것과 정확히 동일한 의미에서 존재한다고 해야 한다. 또한 그것들의 존재론적 지위는 그 어떤 다른 대상의 존재론적 지위

와도 대등하다고 해야 한다.

이런 입장은 사람들에게서 이른바 "믿기 어렵다는 시선(incredulous stare)"을 이끌어 낸다. [루이스 자신이 그의 견해가 믿기 어려운 견해임을 인정한다(OPW: 133-135).] 참된 양상 실재론이 제공하는 그 모든 분석적 유용성에도 불구하고 많은 사람들이 그것을 받아들이지 못하는 이유는 그것이 함축하는 바가 우리의 상식에 너무나 정면으로 위배되기 때문이다. 참된 양상 실재론을 받아들이는 대가는 존재론의 극단적 확장뿐 아니라 상식에 대한 급진적이고 광범위한 수정을 포함한다.

루이스는 참된 양상 실재론의 존재론이 오직 양적으로만 비검약적(unparsimonious)일 뿐 질적으로도 비검약적인 것은 아니므로 그 존재론이 겉보기만큼 문제성 있는 것은 아니라고 주장했다(Cf: 86-90). 즉 참된 양상 실재론은 우리가 이미 존재한다고 믿은 종류의 존재자들을 더 많이 상정하는 것이지 또 다른 새로운 종류의 존재자들을 상정하는 것이 아니라고 이야기했다. [사실 루이스의 참된 양상 실재론이 이런 의미에서 질적으로 검약적인지도 의심스럽다. 조지프 밀리아(Joseph Melia)가 지적하듯 참된 양상 실재론은 가능한 모든 종류의 존재자들의 존재를 상정한다(Melia, 1992).]

그러나 필자는 참된 양상 실재론에 대한 "믿기 어렵다는 시선"의 깊은 원천이 바로 그 이론이 이미 받아들여지는 종류의 존재자들을 더 많이 상정한다는 점에 있다고 생각한다. 가능세계는 언어의 많은 부분에 대한 의미론을 제공하는 데 매우 유용하다. 이런 고려는 새로운 종류의 존재자들을 상정할 이유를 제공할지도 모른다. 그런데 그런 의미론적 유용성에 대한 고려가 어떻게 우리가 이미 존재한다고 생각했던 것보다 무한히 많은 수의 당나귀들과 나무들이 존재한다고 믿을 이유를 제공할 수 있는가? 양상 언어에 대한 의미론적 고려가 어떻게 우리에게 행성들과 은하계들이 얼마나 많이 존재하는지에 대한 의견을 바꿀 이유를 제공할 수 있는가? [이 단락의 논의는 필자의 다른 글에서 더 자세히 개진된다(선우환, 2001).]

참된 양상 실재론이 상정하는 존재자들에 대한 우리의 깊은 의심에도 불구하고 그런 존재자들에 대한 가정은 루이스의 여러 매혹적인 철학적 분석에서 불가결하게 이용된다. 그러므로 필자는 이들 분석을 살펴보는 동안만이라도 그 가정을 받아들이기를 제안한다.

참고문헌

김영배(1994). ≪D. 루이스의 양상실재론 옹호≫. 서울대학교 철학과 박사 학위 논문.

선우환(2001). “양상 이론의 딜레마”. ≪철학적 분석≫, 3.

손병홍(2004). ≪가능세계의 철학≫. 소피아.

Adams, R. M.(1974). Theories of Actuality. *Noûs, 8.*

Lewis, D.(1968). Counterpart Theory and Quantified Modal Logic. *Journal of Philosophy, 65.* reprinted in PP1.

Lewis, D.(1970). Anselm and Actuality. *Noûs, 4.* reprinted in PP1.

Lewis, D.(1973). *Counterfactuals.* Cambridge: Harvard University Press. [Cf]

Lewis, D.(1979). Counterfactual Dependence and Time's Arrow. *Noûs, 13.* in PP2.

Lewis, D.(1983). *Philosophical Papers,* vol. 1. Oxford: Oxford University Press. [PP1]

Lewis, D.(1986a). *Philosophical Papers,* vol. 2. Oxford: Oxford University Press. [PP2]

Lewis, D.(1986b). *On the Plurality of Worlds.* Oxford: Blackwell. [OPW]

Melia, J.(1992). A Note on Lewis's Ontology. *Analysis, 52*(3).

Plantinga, A.(1974). *The Nature of Necessity.* Oxford: Oxford University Press.

02
흄적 수반

루이스의 둘째 근본 형이상학 논제인 흄적 수반 논제에 따르면 모든 종류의 사실들은 국지적 사실들의 조합에 수반한다. 즉 순수하게 질적인 사실들이 모두 결정되면 자연법칙, 인과, 확률, 통시간적 동일성 등에 대한 그 밖의 모든 사실은 전부 자동적으로 결정된다. 이 논제가 받아들여질 수 있는지는 실제로 이 논제에 부합하는 방식으로 여러 개념들이 분석될 수 있는지에 달려 있다.

흄적 수반 논제와 그 정식화

루이스의 철학에서 축을 이루는 두 근본적인 형이상학적 논제들 중 둘째 논제인 흄적 수반(Humean supervenience) 논제는 양상 실재론에 비해 훨씬 간략하게 논의되었다. 이 논제는 확률에 대한 논문 "객관적 확률에 대한 주관주의자의 안내(A Subjectivist's Guide to Objective Chance)"에서 처음 명시적으로 언급되었고(PP2: 111), ≪철학 논문집≫ 2권의 서문에서 비로소 루이스의 여러 분석들의 배후에 있는 중요한 논제로서 등장했다(PP2: ix-xvi). 루이스는 이 논제가 데이비드 흄의 사상적 정신에 부합한다고 생각해 그의 이름을 따서 이 논제를 명명했지만, 그러한 사실보다는 논제의 내용 자체가 철학적으로 더욱 중요하다.

흄적 수반 논제는 모든 종류의 사실들이 국지적 사실들의 조합에 의존 즉 수반(supervene)한다는 논제다. 여기서 루이스가 '국지적 사실들'로서 염두에 둔 것은 시공간의 각 점에 어떤 성질들이 예화되어(instantiated) 있는지에 관한 사실들이다. 그것들은 순수하게 질적인(purely qualitative) 사실들이다. 예를 들어 시공간의 어떤 점들에 빨강이라는 성질이 예화되어 있고 어떤 점들에 단단함이라는 성질이 예화되어 있는지 등이 모두 결정되었다고 하자. 흄적 수반 논제에 따르면 이때 그 밖의 모든 사실(자연법칙, 인과, 확률, 통시간적 동일성 등)은 전부 자동적으로 결정된다.

한 종류의 사실들이 다른 종류의 사실들에 의존 혹은 수반한다는 생각은 가능세계를 언급할 때 적절하게 정식화될 수 있다. 즉 그러한 생각에 따르면 후자의 사실들에서 완전히 같으면서 전자의 사실들에서 서로 다른 두 가능세계란 존재하지 않는다. 그러므로 흄적 수반 논제는 다음과 같이 정식화된다. (이로써 양상 실재론은 흄적 수반 논제를 정식화하는 데서 이미 그 유용성을 발휘하기 시작한다.)

(HS) 시공간의 각 점에 어떤 성질들이 예화되어 있는지에 관해서는 완전히 같으면서 그 외의 측면에서는 서로 다른 두 가능세계는 (현실 세계와 어느 정도 유사한 세계들 중에는) 존재하지 않는다.

괄호 안에 넣은 단서 조항에 대한 설명이 필요하다. 루이스는 현실 세계와 아주 거리가 먼 가능세계 중에 흄적 수반이 성립하지 않는 경우가 있을 수 있음을 인정한다. 예를 들어 흄적 수반을 성립하지 않게 만드는 (현실적으로는 존재하지 않는) 새로운 속성이 존재하는 세계를 상상할 수 있다. 따라서 흄적 수반 논제는 필연적이지는 않은(contingent)

논제다. 그러나 그것은 어떻든 철학적으로 옹호해 볼 만한 흥미로운 주장이다.

흄적 수반 논제는 받아들일 만한가

그렇다면 왜 이 형이상학적 논제가 양상 실재론과 함께 루이스의 철학을 관통하는 중요한 논제로 언급되는가? 양상 실재론이 루이스의 여러 철학적 분석들에 도구를 제공한다면, 흄적 수반 논제는 그 분석들에 동기를 제공한다. 우리 주위에는 이 흄적 수반 논제의 반례처럼 보이는 여러 종류의 사실들이 있다. 자연법칙, 인과에 대한 사실, 확률에 대한 사실 등 많은 것이 얼핏 순수하게 질적인 사실들의 조합 혹은 시공간상 성질들의 배열 너머에 있는 사실처럼 보이며, 그 조합 혹은 배열에 단순하게 의존하지 않을지도 모른다는 우려를 불러일으킨다. 관계들 중에서도 <~보다 더 단단함>이나 <유사한 형태를 가졌음>과 같은 관계는 그 관계항인 대상들이 지니는 순수하게 질적인 속성들에 수반함이 명백하다. 예를 들어 <~보다 더 단단함>이라는 관계는 관계항인 대상들이 각각 얼마나 단단한가에, <유사한 형태를 가졌음>은 그 대상들의 부분들이 어떤 순수하게 질적인 속성들을 갖는가에 수반한다. 반면 예컨대 인과 관계는 그 관계의 성립 여부가 관계항들이나 그 밖의 것들이 지닌 순수하게 질적인 속성들에 의존하는지 그러지 않는지가 그렇게 명백하지 않다. 흄적 수반 논제가 성립한다는 것을 보이려면 인과 관계도 <~보다 더 단단함> 같은 관계와 궁극적으로 유사함을 보일 필요가 있다. 흄적 수반 논제를 철학적으로 옹호하려는 철학자라면 그런 작업을 할 필요가 있다.

루이스의 다양한 철학적 분석 작업들이 바로 그러한 작업, 즉 자연법칙·인과·지속(통시간적 동일성) 등의 개념들을 순전히 성질들의 배열만을 언급하는 개념으로 분석하는 작업이었다. 따라서 이들 분석 작업이 성공적이라면 우리는 흄적 수반 논제를 매우 설득력 있는 주장으로 생각할 수 있을 것이다.

참고문헌

이재호(2020). “기술적 법칙 이론과 존재론적 경제성 논증”. ≪철학적 분석≫, 43.

Ismael, J.(2015). How to Be Humean. In Loewer, B. & Schaffer, J.(eds.). *A Companion to David Lewis*. Chichester, West Sussex; Malden, MA: John Wiley & Sons Inc.

Lewis, D.(1980). A Subjectivist's Guide to Objective Chance. reprinted in PP2.

Lewis, D.(1986). *Philosophical Papers*, vol. 2. Oxford: Oxford University Press. [PP2]

Lewis, D.(1994). Humean Supervenience Debugged. *Mind*, *103*(412).

Loewer, B.(1996). Humean Supervenience. *Philosophical Topics*, *24*(1).

03
양상

양상 언어에 대한 표준적 가능세계 의미론은 통세계적 동일성을 요구한다. 루이스의 상대역 이론은 통세계적 동일성 관계를 통세계적 유사성 관계인 상대역 관계로 대체함으로써 양상 언어에 대한 대안적 가능세계 의미론을 제시한다.

양상 논리 언어와 가능세계 의미론

가능성과 필연성 같은 개념들은 서로에 의해 정의될 수 있을 만큼 밀접하게 연관된다. 따라서 우리는 이들 개념을 한꺼번에 부를 수 있는 표현이 필요하다. '양상(modality) 개념'이라는 표현이 그것이다. 그리고 양상 논리(modal logic)는 바로 양상 개념들을 다룰 수 있게끔 확장된 논리다.

양상 논리의 언어는 고전 논리의 언어에 자연 언어의 '가능적으로(possibly)'와 '필연적으로(necessarily)'에 각각 상응하는 문장 연산자(operator) '◇'와 '□'를 추가한 형식 언어다. 이 형식 언어의 문장들에 대한 진리 조건이 가능세계들에 대한 양화를 통해 주어질 수 있다는 것은 루이스 이전의 많은 철학자들과 논리학자들에 의해 지적되었다.

그중에서도 솔 크립키가 제시한 표준적 가능세계 의미론이 대표적이다(Kripke, 1963). φ가 임의의 문장일 때, '◇φ'는 φ가 어떤 가능세계에서 참일 경우 오직 그 경우에 참이고, '□φ'는 φ가 모든 가능세계에서 참일 경우 오직 그 경우에 참이다. [이 조건들은 양상 논리 체계 중에서 가장 강하면서 가장 직관적인 S5 체계에서의 진리 조건이다. 이 체계보다 약한 다른 체계들에서는 이른바 "접근 가능성(accessibility)" 관계를 끌어들여 이 진리 조건들을 약간 더 복잡하게 만들 수 있다.] 따라서 자연 언어의 '가능적으로'와 '필연적으로'가 포함된 문장들에 대해서도 그것들이 양상 논리의 형식 언어로 형식화될 수 있는 한에서 그 진리 조건이 주어진다고 할 수 있다.

이런 가능세계 의미론을 통해 우리는 데 레(*de re*) 양상 문장(대물적 양상 문장)들에도 의미를 부여할 수 있다. 데 레 양상 문장이란 어떤 대상에 어떤 양상적 속성을 그 대상이 어떻게 기술되는지에 상관없이 귀속하는 문장이다.

(M) 역사상 가장 위대한 철학자에 관해서도, 그가 철학자가 되지 않을 수도 있었다(Even for the greatest philosopher in history, he could have been a non-philosopher).

우리는 이 문장을 통해 역사상 가장 위대한 철학자인 누군가에게 <철학자가 되지 않을 수 있었음>이라는 양상적 속성을 귀속할 때, 그 사람을 '역사상 가장 위대한 철학자'라고 기술했다는 것과 무관하게 귀속한다. 그 기술은 오직 그 사람을 고유하게 집어내는 데에만 사용되었을 뿐이다. 양상 논리의 발전 초기에 이런 문장은 콰인 등 많은 철학자들에게 곤혹스러움의 대상이었다(Quine, 1953).

그런 철학자들에게 양상 연산자는 오직 그 연산자 다음에 나오는 문장의 의미론적 지위(분석성, 일관성 등)에 대해 이야기하는 것으로 이해되었기 때문이다. 반면 표준적인 가능세계 의미론은 이런 문장에 대해 다음과 같이 진리 조건을 제시한다. 문장 (M)이 참일 경우는, 현실 세계에서 역사상 가장 위대한 철학자인 사람에 대해 그 사람이 철학자가 아닌 가능세계가 존재할 경우 오직 그 경우다.

그러나 표준적인 가능세계 의미론은 데 레 양상 문장의 진리 조건을 제시하면서 새로운 문제에 지면한 듯하다. 그러한 조건이 성립하는지 알기 위해 우리는 현실 세계에서 역사상 가장 위대한 철학자인 사람(그를 소크라테스라고 하자)이 다른 가능세계에서의 누구와 동일하다고 해야 하는지 알아야 한다. 그러나 소크라테스를 다른 가능세계에서의 어떤 사람과 동일하다고 해야 하는가? 세계를 가로지르는 그러한 동일성의 기준이 제시될 수 있는가? 이것이 바로 '통세계적 동일성 문제(the problem of transworld identity)'다. 통세계적 동일성의 기준이 제시되기 어렵다는 것은 여러 철학자들에 의해 설득력 있게 논변되었다.

상대역 이론

루이스는 논문 "상대역 이론과 양화 양상 논리(Counterpart Theory and Quantified Modal Logic)"에서 양상 언어에 대해 통세계적 동일성을 요구하지 않는 대안적 의미론, 즉 상대역 이론(counterpart theory)을 제시했다(PP1: 26-38). 상대역 이론은 자연 언어의 양상 문장들을 직접 분석(형식화)하는 방식을 제공한다. 이 이론은 고전 논리 내에서 형식화될 수 있는 어휘만을 원초적 어휘로 포함한다. 그 원초적 어휘들은 다음과 같은 술어들로 제시되었다. 'x는 세계다', 'x는 세계 y 안에 있다', 'x는 현실적(actual)이다', 'x는 y의 상대역(counterpart)이다'.

양상 실재론에 대한 논의에서 이미 보았듯, 루이스는 (이후의 저작에서) 이 어휘들 중 '세계'와 '현실적'을 비양상적 어휘들을 통해 정의했다(OPW: Ch. 1.6, 1.9). 그리고 '세계'의 정의가 주어지면 'x는 세계 y 안에 있다'가 'x는 세계 y의 부분이다' 혹은 '세계 y는 x를 부분으로 포함한다'로 이해되어야 한다는 것은 명백하다. 따라서 'x는 세계다', 'x는 세계 y 안에 있다', 'x는 현실적이다'는 더 이상 원초적 술어가 아니다.

결국 '상대역'이 상대역 이론의 유일한 원초적 어휘인

셈인데, 루이스는 상대역 관계에 대해 다음과 같은 직관적 해석을 제공한다. x가 y에 대해 상대역 관계에 있다는 것은 x와 y가 중요한 측면에서 상당한 정도(어느 정도인지는 모호한 채로 남겨 둔다)로 질적 유사성을 띤다는 것을 의미한다. 또한 그에 덧붙여, x가 y의 상대역이기 위해서는 x가 속한 세계에 x가 y를 닮은 정도보다 더 y를 닮은 대상이 존재해서는 안 된다. 따라서 x는 y에 대해 상대역인데 y는 x에 대해 상대역이 아닌 경우가 있을 수 있다. 즉 상대역 관계는 대칭적(symmetrical)이지 않다. 또한 모든 유사성 관계가 그러하듯 상대역 관계는 이행적(transitive)이지도 않다. 즉 x와 y가 상당히 유사하고 y와 z가 상당히 유사하더라도 x와 z는 상당히 유사하지 않을 수 있다. 또한 상대역 관계는 두 세계에 있는 대상들 간의 일대일 대응 관계가 아니다. 어떤 다른 세계 w에 쌍둥이 a와 b가 있어서 나를 상당한 정도로 닮았고 w에 있는 어떤 것보다도 나를 닮았으면서 그 둘이 똑같은 정도로 나를 닮았으면 그 둘 다 나의 상대역이다. 역으로 내가 어떤 다른 세계 w에 있는 쌍둥이 a와 b를 현실 세계에 있는 어떤 것이 a와 b를 닮은 정도보다도 닮았고 그 정도가 상당하다면, 나는 a와 b 둘 다에 대해서 상대역이다.

상대역 이론에서의 상대역 관계는 표준적 가능세계 의

미론에서의 통세계적 동일성을 대신하기 위해 도입되었지만, 상대역 관계가 대칭적·이행적인 동일성 관계와 갖는 차이들로 인해 상대역 이론과 표준적 가능세계 의미론은 여러 실질적 차이들을 갖는다. 그 둘 사이의 차이가 어떤 쪽에 더 호의적인지에 대한 여러 논쟁이 있지만 여기서는 자세히 다루지 않겠다.

상대역 이론에 의한 분석과 통세계적 동일성

상대역 이론에서 (M)과 같은 양상 문장은 다음과 같이 분석된다.

(M1) 역사상 가장 위대한 철학자에 관해서도, 그의 상대역이면서 철학자가 되지 않은 그런 사람을 포함하는 세계가 존재한다(Even for the greatest philosopher in history, there is a world which includes someone who is a counterpart of him and is a non-philosopher).

여기서는 현실 세계에서 역사상 가장 위대한 철학자인

사람(소크라테스)이 다른 가능세계에서의 누구와 동일하다고 해야 하는지 이야기할 필요가 없다. 다른 가능세계에서 소크라테스에 대해 (더 느슨한 관계인) 상대역 관계를 갖는 사람이 누구인지 알 필요가 있을 뿐이다. 어떤 가능세계에 소크라테스와 상당히 (그리고 그 세계에서 가장) 유사하면서 철학자가 되지 않은 누군가가 있다면 문장 (M1)은 참이 된다.

더 일반화해서, 상대역 이론에 따르면 '필연적으로, x가 F다'는 '모든 세계에 대해, x의 그 세계에서의 모든 상대역이 F다'로, '가능적으로, x가 F다'는 '어떤 세계에 대해, x의 그 세계에서의 어떤 상대역이 F다'로 각각 분석된다. [즉 이 두 문장은 각각 '$\forall w \forall y((Ww \& Iyw \& Cyx) \supset Fy)$'와 '$\exists w \exists y(Ww \& Iyw \& Cyx \& Fy)$'로 형식화된다.] 이러한 분석 일반에서 통세계적 동일성 관계는 상대역 관계로 대치된다.

그런데 크립키 같은 철학자는 상대역 이론을 도입하게 한 동기인 통세계적 동일성 문제 자체가 문제로서 유효하지 않다고 주장한다(Kripke, 1980: 42-53). 크립키에 따르면 통세계적 동일성 문제는 가능세계를 마치 망원경으로 바라보는 외국과 같은 것으로 생각하는 관점에서 생겨난다. (이는 물론 루이스의 참된 양상 실재론을 희화화한 것이다.) 그런 관점에서 볼 때에나 가능세계가 순수하게 질적으로 주어져야 한다고 간주된다. 그리고 가능세계가 순수하게 질적으로 주어져야 한다면, 그 가능세계에서 어떤 질적 속성들을 갖는 대상을 현실 세계에서의 소크라테스와 동일한 대상으로 생각해야 할지의 문제가 제기된다.

가능세계가 순수하게 질적으로 주어져야 한다는 요구가 통세계적 동일성 문제를 제기하는 데 중요한 역할을 하는 것은 분명하지만, 그 요구가 반드시 루이스식의 참된 양상 실재론을 전제하는지는 사실 그렇게 분명하지 않다. 그런 요구는 참된 양상 실재론 외 다른 방식의 경로들을 거쳐서도 논변될 수 있다.

루이스는 그중 한 경로의 논변을 ≪세계의 다수성에 대하여≫의 마지막 부분에서 사용했다. 여기서 그 논변을 자세히 살펴보지는 않겠다. 어떻든 그 논변의 중요한 한 부분은 설사 대용자 양상 실재론을 가정하더라도, 한 대용적 가능세계가 어떤 대상에 대한 가능성을 표상하는지는 그 대용적 가능세계가 순수하게 질적으로 표상하는 바에 수반한다는 것이다(OPW: 220-248). 이런 아이디어는 기본적으로 루이스의 또 다른 형이상학적 논제인 흄적 수반 논제와 긴밀히 연관된다. 한 가능세계와 관련된 순수하게 질적인 사실들이 완전히 다 주어지면 우리는 그 가능세계에 대해 알아야 할 모든 것을 다 알았다고 할 수 있다는 것이 흄적 수반 논제의 핵심 생각이기 때문이다. 한 가능세계에 대한 순수하게 질적인 사실들이 완전히 결정되어 있다고 하자. 그러면 흄적 수반 논제에 의해 그 가능세계에 대한 모든 사실이 결정되고, 그중에서도 그 가능세계 속의 한 대상이 현실 세계의 어떤 대상에 대한 가능성을 드러내는지도 결정된다. 상대역 관계가 통세계적 동일성을 대신하기 위해 등장한 것도 우연이 아니다. 현실 세계의 한 대상이 한 가능세계의 어떤 대상과 상대역 관계를 갖는지는 순전히 현실 세계와 그 가능세계가 순수하게 질적으로 어떻게 기술되는지에 의존한다. 가능세계의 대상이 현실 세계의 그 대상과 순수한 질적 속성들 면에서 충분히 유사한 관계에 있으면 그 둘은 상대역 관계에 있게 된다. 즉 상대역 이론은 흄적 수반 논제에 대한 요구에도 부응한다.

상대역 이론의 다른 장점들

상대역 이론이 지닌 장점은 통세계적 동일성 문제(그리고 그 배후에 있는 흄적 수반 논제)와 관련된 것에 국한되지 않는다. 표준적 가능세계 의미론이 자연 언어의 양상 문장들을 일단 내포적 언어인 양상 논리의 언어(양상 연산자들은 내포적 표현이다)로 형식화하고 나서 그 형식화된 문장들에 진리 조건을 제시하는 반면, 상대역 이론은 자연 언어의 양상 문장들을 직접 외연적인 고전 논리의 언어로 형식화할 수 있게 해 준다. 즉 상대역 이론은 우리로 하여금 고전 논리의 언어를 고수할 수 있게 해 준다.

또한 상대역 이론은 자연 언어의 양상 문장들을 직접 형식화하기 때문에 양상 논리의 언어로 형식화될 수 없는 자연 언어의 양상 문장들도 분석할 수 있다. 표준적 가능세계 의미론은 양상 논리의 언어에 대한 진리 조건만을 제시하므로 양상 논리의 언어로 형식화될 수 없는 자연 언어의 양상 문장들에 대해서는 그 어떤 진리 조건도 제시하지 못한다.

(L) 철수는 실제보다 키가 더 클 수도 있었다(Cheolsu could have been taller than he is).

문장 (L)과 같은 양상 비교문은 양상 논리의 언어로는 (즉 양상 연산자들을 사용해서는) 형식화될 수 없다. (이 문장은 명백히 '철수는 철수보다 키가 더 크다는 것이 가능하다'와 같은 것을 의미하지 않는다.) 이런 문장이 상대역 이론을 통해서는 다음과 같이 형식화될 수 있다.

(L1) 철수의 상대역이면서 철수보다 키가 더 큰 사람을 포함하는 가능세계가 존재한다.

상대역 이론은 이 밖에도 양상 논리의 언어로 형식화될 수 없는 다양한 자연 언어의 양상 문장들에 대한 분석을 가능하게 한다. 그 결과 다양한 종류의 양상 문장들에 대한 통합적 의미론을 제공한다. 그러므로 표준적 가능세계 의미론보다 분석력 면에서 우월하다고 할 수 있다.

그런데 양상 문장들에 대한 상대역 이론적 분석은 거기서 언급되는 가능세계들과 가능 개체들이 루이스식의 구체적 존재자들일 때에야 (즉 참된 양상 실재론을 가정할 때에야) 적절하게 이해될 수 있다. 예를 들어 서로 다른 세계에 있는 가능 개체들 사이에 성립하는 유사성 관계인 상대역 관계는 그것이 정말로 구체적인 개체들 사이에 성립하는 진짜 유사성 관계로 이해될 때에야 제대로 이해된다. [필자는 이에 대해 다른 글에서 상세하게 논변했다(선우환, 2001).]

그러므로 상대역 이론이 양상 문장들에 대한 최선의 분석을 제공하고 이 분석이 루이스식의 가능세계들을 요구한다면, 이 사실은 참된 양상 실재론에 대한 하나의 논변을 구성한다.

참고문헌

선우환(2001). "양상 이론의 딜레마". ≪철학적 분석≫, 3.

선우환(2004). "통세계적 동일성의 문제와 양상 인식론". ≪철학연구≫, 65.

손병홍(2004). ≪가능세계의 철학≫. 소피아.

Kaplan, D.(1979). Transworld Heir Lines. In Loux, M.(ed.)(1979). *The Possible and the Actual.* Cornell University Press.

Kripke, S.(1963). Semantical Considerations on Modal Logic. *Acta Philosophica Fennica.* reprinted in Linsky, L.(ed.)(1971). *Reference and Modality.* Oxford University Press.

Kripke, S.(1980). *Naming and Necessity.* Cambridge: Harvard University Press.

Lewis, D.(1968). Counterpart Theory and Quantified Modal Logic. *Journal of Philosophy, 65.* reprinted in PP1.

Lewis, D.(1970). Anselm and Actuality. *Noûs, 4.* reprinted in PP1.

Lewis, D.(1973). *Counterfactuals.* Cambridge: Harvard University Press. [Cf]

Lewis, D.(1983). *Philosophical Papers,* vol. 1. Oxford: Oxford University Press. [PP1]

Lewis, D.(1986a). *On the Plurality of Worlds.* Oxford: Blackwell. [OPW]

Lewis, D.(1986b). *Philosophical Papers,* vol. 2. Oxford: Oxford University Press. [PP2]

Loux, M.(ed.)(1979). *The Possible and the Actual.* Cornell University Press.

Plantinga, A.(1974). *The Nature of Necessity.* Oxford: Oxford

University Press.
Quine, W. V. O.(1953). Reference and Modality. *From a Logical Point of View*. New York: Harper and Row.
Ramachandran, M.(2020). Chisholm's Modal Paradox(es) and Counterpart Theory 50 Years On. *Logic and Logical Philosophy*, *29*(4).

04
자연법칙

우연적 일반화와 자연법칙을 어떻게 구분할 것인지는 과학철학의 어려운 문제다. 이러한 구분을 위한 루이스의 이론에 따르면 일반화가 자연법칙이라는 것은 단순성과 강도를 가장 잘 결합해 갖춘 참인 연역 체계에서 그 일반화가 정리로 나타남을 뜻한다.

자연법칙에 대한 이론

단순히 우연적으로 참인 일반화와 자연법칙은 어떻게 구별되는가? 예를 들어 '모든 금덩어리는 반경 1킬로미터 이하다'와 '모든 우라늄 덩어리는 반경 1킬로미터 이하다'는 같은 형식의 일반 문장이지만, 전자는 우연적으로 참인 데 반해 후자는 (우라늄 원소의 불안정성으로 인해) 법칙적 참이라고 여겨진다. 따라서 어떤 문장이 법칙적(lawlike) 문장인지 아닌지는 단순히 그 문장의 구문론적 형식만으로 결정될 수 있는 것이 아니다. 그렇다면 어떻게 그 둘을 구별할 수 있는가?

루이스는 ≪반사실 조건문≫에서 이 문제에 대한 한 대답을 간략히 제시한다(Cf: 72-77). 프랭크 램지(Frank Ramsey)의 유사한 생각에서 힌트를 얻은 루이스의 대답은 다음과 같다. (논리적으로 필연적이지는 않은) 일반화가 자연법칙이라는 것은, 단순성(simplicity)과 강도(strength)를 가장 잘 결합해 갖춘 참인 연역 체계에서 (혹은 그런 체계가 여럿 있을 경우에는 그 모두에서) 그 일반화가 정리로 나타남을 뜻한다.

여기서 단순성과 강도는 우리가 연역 체계를 평가할 때 흔히 사용하는 두 중요한 기준이다. 한 연역 체계는 적은

수의 공리들을 가질수록 그리고 그 공리들이 단순한 개념들을 사용해 단순한 방식으로 정식화될 수 있을수록 단순하다고 할 수 있다. 또한 한 연역 체계는 정리들을 많이 가질수록 그리고 그 정리들이 더 많은 정보를 담고 있을수록 강하다고 할 수 있다. (그러나 물론 참인 연역 체계이기 위해서는 거짓인 정리들을 가질 만큼 강해서는 안 될 것이다.) 단순성과 강도 중 하나만이 잘 갖추어진 연역 체계를 찾는 일은 비교적 쉽다. 예를 들어 공리를 전연 포함하지 않는 체계(따라서 논리적 참만이 그 정리인 체계)는 아주 단순하지만 너무 약한 체계다. 시시콜콜한 것들에 대한 것까지 포함하는 참인 모든 문장을 공리로 갖는 체계는 아주 강하지만 너무 복잡한 체계다. 반면 (두 기준 사이의 충돌로 인해 서로를 위해 어느 정도 약간씩은 희생해야겠지만) 단순성과 강도를 둘 다 가능한 한 가장 높은 정도로 갖춘 참인 연역 체계야말로 최선의 연역 체계라고 할 수 있다. 그런 최선의 연역 체계에서의 정리가 바로 자연법칙이라는 것이 루이스의 이론이다.

루이스는 최선의 연역 체계를 결정하기 위해 단순성과 강도에 각각 어느 정도의 가중치를 부여해야 하는지에 대해서는 아무런 이야기를 하지 않는다. 그리고 그런 가중치가 엄격한 방식으로 부여될 수 있을 것 같지도 않다. 따라서 루이스의 이론에서 어떤 참인 일반화가 법칙인지 아닌지의 경계는 (존재한다면) 오직 대략적으로만 존재한다고 할 수 있다.

단순성의 기준과 강도의 기준 각각에 따라 연역 체계의 서열을 따지는 것도 쉬운 일은 아니다. 예를 들어 동일한 명제가 어떤 표현을 사용해 정식화하느냐에 따라 단순하게도 복잡하게도 정식화될 수 있다. 이 문제를 해결하기 위해 루이스는 자연적 속성의 지위를 인정해야 했다. 즉 모든 술어에 대응해 자연적 속성이 존재하는 것은 아니고 [예를 들어 넬슨 굿맨(Nelson Goodman)의 '초랑(grue)'과 같은 술어('특정 시점 t 이전에 발견되었고 초록이거나 그 시점 t 이후에 발견되었고 파랑이다'를 의미하는 술어)에 대응해서는 자연적 속성이 존재하지 않는다] 오직 일부 술어만이 자연적 속성을 표현한다는 생각을 받아들였다. 그러면 자연적 속성을 표현하는 술어들로 이루어진 언어에서 단순하게 정식화될 수 있는 명제가 진정 단순한 명제라는 해결책을 얻을 수 있다.

자연법칙과 자연적 가능성

자연법칙에 대한 루이스의 이런 이론이 그가 자연법칙 개념을 정의하는 데 가능세계 개념을 적극 활용하리라고 기대한 사람에게는 의외의 일로 여겨질지도 모르겠다. 만약 어떤 양상 실재론자가 루이스와 달리 가능세계 개념을 활용해 자연법칙을 우연적 일반화와 구별하고자 한다면 그는 '자연법칙이란 자연적으로 가능한 모든 세계에서 성립하는 일반화다'라고 자연법칙 개념을 정의할 수도 있다. 그러나 루이스는 오히려 자연적 가능성 개념을 자연법칙 개념을 통해 정의하고자 한다. 즉 루이스에게 (현실 세계의 입장에서) 자연적으로 가능한 세계는 (현실 세계의) 자연법칙을 위반하지 않는 세계다.

만약 루이스가 자연적 가능성 개념을 사용해 자연법칙 개념을 정의하려 했다면 (한 세계의 입장에서의) 자연적 가능성 개념을 원초적(더 이상 정의될 수 없는) 개념으로 삼아야 했을 것이다. 그렇게 했다면 한 세계의 입장에서 어떤 세계들이 자연적으로 가능한가 그리고 그 세계에서 어떤 자연법칙이 성립하는가는 그 세계에 성질들이 어떻게 배열되어 있는지에 의존하지 않았을 것이다. 즉 자연법칙이 흄적 수반 논제에 위배되었을 것이다.

반면 자연법칙에 대한 루이스의 실제 이론을 받아들이면 한 세계에서 어떤 법칙이 성립하는지는 그 세계에서 성립하는 다른 사실들에 수반하게 된다. 법칙은 그 세계에서 성립하는 사실들을 포착하는 최선의 연역 체계에서 정리로 나타나는 것이고, 그 세계에서 성립하는 사실들이 주어지면 그 사실들을 포착하는 최선의 연역 체계가 어떤 것인지도 결정되기 때문이다. 따라서 한 세계의 다른 모든 사실이 그 세계에서 성질들이 어떻게 배열되어 있는지에 수반한다면 그 세계의 자연법칙도 같은 것에 수반할 것이다. 그리하여 자연법칙은 흄적 수반에 대한 위협이 되지 않는다.

참고문헌

Armstrong, D.(1983). *What Is a Law of Nature?*. Cambridge: Cambridge University Press.

Hall, N.(2015). Humean Reductionism about Laws of Nature. In Loewer, B. & Schaffer, J.(eds.). *A Companion to David Lewis*. Chichester, West Sussex; Malden, MA: John Wiley & Sons Inc.

Lewis, D.(1973). *Counterfactuals*. Cambridge: Harvard University Press. [Cf]

Ramsey, F.(1978). *Foundations of Mathematics and Other Logical Essays*. London: Routledge and Kegan Paul.

van Fraassen, B.(1989). *Laws and Symmetry*. Oxford: Clarendon Press.

05
반사실 조건문

스톨네이커는 가능세계 개념을 사용해 반사실 조건문 즉 가정법 조건문에 대한 기존 문제들을 해결하는 분석을 제시했다. 루이스는 스톨네이커의 분석이 여전히 지닌 문제들을 지적하면서 그 분석을 수정해 반사실 조건문에 대한 대안적 분석을 제시하고 발전시켰다.

반사실 조건문

최소한 모든 조건문을 진리함수적으로 해석할 수 없다는 것은 잘 알려져 있다. 즉 모든 조건문에 대해 전건이 거짓이거나 후건이 참일 경우 오직 그 경우에 그 조건문이 참이라는 식의 진리 조건을 받아들일 수는 없다. 예를 들어 내가 지금 손에 들고 있는 유리잔을 가리키며 '내가 이 유리잔을 놓았더라면 바닥에 떨어졌을 것이다'와 '내가 이 유리잔을 놓았더라면 하늘로 솟았을 것이다'라는 두 문장을 발설할 경우, 두 문장 모두 동일하게 거짓인 문장을 전건으로 하지만 한 문장은 참이고 다른 문장은 거짓이다. 사실과 상반된 가정을 전건으로 가지면서도 그것이 조건문 전체를 사소하게 참인 것으로 만들지는 않는 (흔히 여러 언어에서 가정법으로 표현되는) 그런 조건문은 흔히 '반사실 조건문(counterfactual conditional)'이라고 불려 왔다.

반사실 조건문의 일반적 형식을 다음과 같이 나타내 보자. ('P'와 'Q'는 문장들이 들어갈 자리를 나타낸다.)

(C) P였더라면 Q였을 것이다(If it were the case that P, then it would have been the case that Q).

루이스는 이 문장 형식을 P □→Q로 기호화한다. 이런 형식의 문장이 다음과 같이 분석될 수 없음은 분명하다.

(C1) 필연적으로, P이면 Q다(Necessarily, if P then Q).

분석 (C1)을 받아들일 경우, P □→Q는 PR □→Q를 함축한다. (P가 성립하는 모든 가능세계에서 Q가 성립한다면, P와 R이 성립하는 모든 가능세계에서도 Q가 성립한다.) 그러나 그런 함축은 실제로는 성립하지 않아야 한다. 예를 들어 내가 내 앞의 책상 위에 놓여 있는 마른 성냥을 가리키면서 "내가 이 성냥을 성냥갑에 그었더라면, 이 성냥에 불이 붙었을 것이다"라고 말한다면 그것은 아마 참이겠지만 "내가 이 성냥을 성냥갑에 그었고 이 성냥이 젖어 있었더라면, 이 성냥에 불이 붙었을 것이다"라고 말한다면 그것은 거짓일 것이다. 따라서 이 분석은 옳을 수 없다.

이 예시에서 앞의 조건문이 참인 이유는, 아마도 우리가 이 조건문의 진리치를 평가하기 위해 이 성냥을 성냥갑에 그었으면서 성냥이 말라 있는 그런 가능세계에서 이 성냥에 불이 붙었는지를 살펴보기 때문이다. 우리가 이 성냥이 젖어 있는 가능세계보다는 이 성냥이 말라 있는 가능세계를 고려하는 이유는, 현실 세계에서 이 성냥이 말라 있기 때문이다. 즉 우리는 전건이 참이라는 점만을 제외하고 나머지 사실들에 대해서는 현실 세계와 같은 가능세계에서 후건이 참인지 살펴보기를 원한다. 그러면 우리는 (C)에 대한 분석으로서 'P가 성립한다는 점에서만 현실 세계와 다르고 나머지 사실들에 대해서는 현실 세계와 같은 가능세계에서 Q가 성립한다'를 받아들이면 되는가?

그러나 P가 성립한다는 한 가지 점에서만 다르고 나머지 사실들은 현실 세계와 같은 가능세계는 있을 수 없다. 현실 세계에서와 달리 '내가 이 성냥을 성냥갑에 그었다'가 참이기 위해서는 부수적인 다른 사실들도 변경되어야 한다. 예를 들어 내가 성냥을 손에 잡으려는 의도가 없었다는 사실이 변경되든지, 그런 의도 없이 나는 성냥을 손에 잡지 않는다는 법칙이 위반되든지 등 무언가가 변경되어야 한다. 더구나 P가 성립한다는 점 이외의 모든 사실을 현실 세계에서의 사실 그대로 고정한다면 Q 역시 처음부터 원천적으로 성립하지 못할 것이다.

해결 방안은 (C)가 참인지를 보기 위해, P가 성립하면서 현실 세계와 가능한 한 가장 유사한 세계에서 Q가 성립하는지 보는 것일 터다. 로버트 스톨네이커(Robert Stalnaker)의 다음과 같은 분석이 바로 그런 아이디어를 반영한다(Stalnaker, 1968). (단, 'P-세계'는 'P가 성립하는 세계'를 의미한다.)

(C2) 현실 세계와 가장 유사한 P-세계에서 Q다.

현실 세계에서 이 성냥이 말라 있었다면, '내가 이 성냥을 성냥갑에 그었다'가 참이면서 현실 세계와 가장 유사한 세계에서도 이 성냥이 말라 있었을 것이고, 그 세계에서는 이 성냥에 불이 붙었을 것이다. 즉 "내가 이 성냥을 성냥갑에 그었더라면, 이 성냥에 불이 붙었을 것이다"가 참일 것이다. 그러나 '내가 이 성냥을 성냥갑에 그었고 이 성냥이 젖어 있었다'가 참이면서 현실 세계와 가장 유사한 세계에서는 이 성냥에 불이 붙지 않았을 것이다. 즉 "내가 이 성냥을 성냥갑에 그었고 이 성냥이 젖어 있었더라면, 이 성냥에 불이 붙었을 것이다"는 거짓일 것이다. 따라서 (C2)는 P □→Q가 PR □→Q를 함축하지 않는다는 것을 잘 설명한다.

반사실 조건문에 대한 루이스의 이론

루이스는 ≪반사실 조건문≫과 논문 "반사실 조건문과 비교 유사성(Counterfactuals and Comparative Possibility)"에서 반사실 조건문에 대한 스톨네이커의 분석을 수정하는 대안적 분석을 제시하고 그것을 옹호한다(Cf; PP2: 3-31). 루이스에 따르면 스톨네이커의 분석은 두 지점에서 잘못된 가정을 하고 있다. 첫째는 현실 세계와 가장 유사한 P-세계가 단 하나뿐이라는 가정이다. 루이스에 따르면 P가 성립하면서 현실 세계와 똑같은 정도로 유사하지만 서로 다른 둘 이상의 세계가 있을 수 있다. 루이스가 사용하는 유명한 예는 다음과 같다. P를 '비제와 베르디가 같은 나라 사람이다'라고 하자. 그러면 P가 성립하면서 비제와 베르디가 둘 다 프랑스 사람인 세계와 P가 성립하면서 비제와 베르디가 둘 다 이탈리아 사람인 세계는 현실 세계와 똑같은 정도로 유사하다고 할 수 있다. (혹은 최소한 그런 무승부가 생길 가능성이 배제되지 않는다.) 루이스는 이 첫째 가정을 피하기 위해 다음과 같은 수정안을 잠정적으로 제시한다.

(C3) 현실 세계와 가장 유사한 모든 P-세계에서 Q다.

이 분석을 받아들일 경우, 반사실 조건문 '비제와 베르디가 같은 나라 사람이었더라면 그들은 둘 다 프랑스 사람이었을 것이다'와 '비제와 베르디가 같은 나라 사람이었더라면 그들은 둘 다 이탈리아 사람이었을 것이다'는 둘 다 거짓이 될 것이다.

루이스는 스톨네이커의 원래 분석 (C2)와 수정된 분석 (C3) 모두 여전히 또 하나의 잘못된 가정을 하고 있음을 지적한다. 현실 세계와 가장 유사한 P-세계가 언제나 최소한 하나 존재한다는 가정이 그것이다. 이 가정이 잘못되었음을 보이는 루이스의 논변은 다음과 같다. P를 '내 키가 2미터보다 크다'라고 하자. 그러면 어떤 P-세계가 현실 세계와 가장 유사한가? P-세계는 어떤 양수 ε에 대해, 내 키가 2+ε미터인 세계일 것이다. 그리고 ε이 작을수록 나의 현실적인 키에 가까우므로 그 P-세계가 현실 세계와 더 유사할 것이다. 그렇다면 한 P-세계의 ε을 아무리 작게 취하더라도 항상 그 세계보다 현실 세계와 더 유사한 P-세계(ε이 0에 더 가까운 세계)가 존재할 것이다. 따라서 이 경우 현실 세계와 가장 유사한 P-세계는 존재하지 않는다.

그리하여 루이스는 이런 두 가정을 피하는 자신의 최종 분석을 다음과 같이 제시한다.

(C4) 어떠한 P&~Q인 세계보다도 현실 세계와 더 유사한 P&Q인 세계가 존재한다.

이 분석이 두 번째 가정 없이 어떻게 자신의 역할을 하는지 보자. P가 '내 키가 2미터보다 크다'인 경우 현실 세계와 가장 유사한 P-세계는 없겠지만, 그래도 현실 세계와 어느 정도 이상 유사한 (ε이 어느 정도 이하인) 모든 P-세계에서 Q가 성립한다면, 분석 (C4)에 의해 반사실 조건문은 참이 되고 이는 우리가 바라던 귀결이다. 그리고 이 분석은 두 가정을 피하고 있지만 그 가정들을 받아들일 경우에는 (C2)로 수렴된다. 즉 현실 세계와 가장 유사한 P-세계가 존재할 경우 (C4)는 (C3)와 동등하고 그런 세계가 단 하나 존재할 경우에는 (C2)와 동등하다.

반사실 조건문과 유사성 개념

반사실 조건문에 대한 루이스의 분석에서는 (스톨네이커의 분석에서도 마찬가지지만) 유사성 개념이 중요하게 사용된다. 유사성 개념은 맥락의존적이고 모호한 개념이지만, 반사실 조건문 자체가 맥락의존성과 모호성을 지니므로 오히려 유사성 개념이 반사실 조건문의 진리 조건을 포착하기에 더 적합하다고 할 수 있다.

한 세계가 현실 세계와 얼마나 유사한지 평가하려면 여

러 측면을 고려해야겠지만, 그중 그 세계가 현실 세계에서 성립하는 개별 사실들을 얼마나 많이 보존하는지와 현실 세계에서 성립하는 자연법칙들을 얼마나 적게 위배하는지가 중요하다. 그러면 이 고려 사항들에 어떤 우선순위를 부여해야 하는가?

루이스가 이와 관련해 지적하는 것은 다음과 같다. 우선 유사성을 평가하는 데 자연법칙의 보존이 절대적인 것으로 여겨져서는 안 될 것이다. 물론 개별 사실과 자연법칙을 일대일로 비교할 때에는 당연히 후자에 더 무게가 주어져야 하겠지만, 개별 사실들이 현실 세계와 광범위하게 달라진 세계보다는 현실 세계의 자연법칙이 작게 한 번 위배된 (즉 작은 기적이 일어난) 세계가 유사성 서열에서 더 선호된다.

예를 들어 우리는 '그 총알이 비껴갔더라면 그 유리병이 깨지지 않았을 것이다'라는 문장의 진리치를 평가하기 위해 그 총알이 비껴간 세계들 중 어떤 세계가 현실 세계와 더 유사한지 판단해야 한다. 현실 세계의 법칙들이 결정론적이라고 하자. 그때 만약 우리가 현실 세계의 법칙들이 한 번도 위배되지 않는 세계들만을 선택할 경우 그 세계들은 개별 사실들이 현실 세계와 너무 판이하게 다를 것이다. 현실 세계에서는 그 총알이 정확하게 날아왔고, 그 사건은 자연법칙들에 의해 이전의 사건들과 연결되어 있다. 따라서 현실 세계의 자연법칙을 철저히 고수하는 세계를 찾기 위해 우리는 멀고 먼 과거에까지 (그리고 과거로 가면 갈수록 더 광범위하게) 현실 세계와 차이가 벌어지는 세계들을 고려해야 할 것이다. 그보다는 총알이 정확히 날아오기 직전에 작은 기적이 일어나 총알의 궤도가 달라진 세계를 현실 세계와 더 유사한 세계로 고려하는 것이 더 적합할 것이다.

그런데 문제는 이와 같은 생각을 왜 미래에도 적용할 수 없느냐는 것이다. 이 문제에 대해 생각해 보는 데는 루이스의 분석에 대해 키트 파인(Kit Fine)이 제시한 다음 반론을 먼저 살펴보는 것이 유용하다(Fine, 1975). '닉슨이 그 버튼을 눌렀더라면 인류는 핵전쟁으로 멸망했을 것이다'가 참인 상황을 가정하자. 루이스의 분석에 따르면 이 반사실 조건문은 거짓이 된다. 이 조건문의 전건과 후건이 모두 참인 세계들보다는 전건이 참이고 후건이 거짓인 세계들이 현실 세계와 더 유사해 보이기 때문이다. 핵전쟁으로 인류가 멸망한 세계는 그 개별 사실들이 현실 세계와 너무나 다르기 때문에, 차라리 닉슨이 그 버튼을 눌렀지만 기적이 일어나서 핵미사일 발사가 뒤따르지 않은 세계가 현실 세계와 더 유사하다고 할 수 있을 듯하다. 어차피 닉슨이 그 버튼을 눌렀다는 사실을 허용하기 위해 그 사건 직전에 하나의 기적이 필요하다면, 왜 또 하나의 기적을 통해 현실 세계과 크게 다른 미래를 갖는 것을 방지하지 않는가?

이 반론에 대한 루이스의 대답은 다음과 같다. 닉슨이 그 버튼을 눌렀다는 사실을 허용하기 위해, 그러면서 과거가 현실 세계와 달라지지 않게 하기 위해서는 단 한 번의 작은 기적(예를 들어 닉슨의 두뇌 상태의 변칙적 변화)으로 충분하다. 하지만 닉슨이 그 버튼을 눌렀음에도 미래가 현실 세계와 달라지지 않게 하기 위해서는 한 번의 작은 기적으로는 충분하지 않고 상당히 넓은 범위에 걸친 수많은 기적들이 필요하다(Lewis, 1979). 일단 닉슨이 버튼을 누르고 나면 어떤 한 기적(예를 들어 그 버튼과 핵미사일 사이 전기 회로의 차단)을 통해 핵전쟁을 피할 수 있을지도 모르지만, 닉슨이 버튼을 누른 사건의 수많은 "흔적들"(버튼에 묻은 닉슨의 지문, 닉슨의 기억, 버튼과 닉슨의 영상을 담은 광파들 등)을 모두 무효화하기 위해서는 수많은 기적들이 필요하다. 그리고 시간이 흐르면서 그 수많은 작은 차이들이 점점 더 많은 차이를 낳을 것이고, 오랜 시간이 지난 후에는 결국 큰 차이를 낳게 될 것이다. 이로써 반사실 조건문의 시간적 비대칭성이 설명된다.

이 시간적 비대칭성이 반사실 조건문 분석 자체에 포함되어 있지는 않다. 그리고 그것이 분석 그 자체에 포함되지 않은 것은 다행스러운 일이다. 예를 들어 우리는 반사실 조건문 분석에 의거해 시간 여행이 불가능하다고 결론짓기를 원하지 않는다. 만약 시간 여행이 이루어진다면 과거의 어떤 사건이 미래의 어떤 사건에 반사실 조건문적으로 의존하는 경우도 있을 것이다. 반사실 조건문 분석은 그런 경우를 배제하지 않는다.

반사실 조건문에 대한 이상의 분석은 가능세계에 대한 언급들을 불가결하게 포함한다. 또한 이 분석은 가능세계들 간의 유사성 비교들을 중요한 부분으로 포함한다. 가능세계들 간의 유사성에 대한 비교들은 가능세계들이 루이스식의 구체적 가능세계일 때 가장 적절한 의미를 갖는다[이에 대한 본격적 논변은 선우환(2001) 참조]. 따라서 이 같은 분석의 적절성은 참된 양상 실재론에 대한 또 하나의 논변을 구성한다.

또한 반사실 조건문에 대한 루이스의 분석은 반사실 조건문의 현실 세계에서의 진리 조건이 어떤 세계들이 현실 세계와 유사한지에 의존하게 만든다. 어떤 세계들이 현실 세계와 유사한지는 (세계들의 논리적 공간이 주어진 한에서) 현실 세계가 어떠한지에, 더 구체적으로는 현실 세계의 개별 사실들이 어떠한지와 현실 세계에서 어떤 자연법칙이 성립하는지에 의존한다. 그런데 자연법칙에 대한 루이스의 분석은 자연법칙이 개별 사실들에 의존하게 하므로, 궁극적으로 반사실 조건문의 현실 세계에서의 진리 조건은 현실 세계에서 어떤 개별 사실들이 성립하는지에 의존한다. 그리하여 반사실 조건문적 사실들은 흄적 수반에 대한 위협이 되지 않는다.

참고문헌

선우환(2001). "양상 이론의 딜레마". ≪철학적 분석≫, 3.

선우환(2020). ≪때문에: '때문에'의 의미에 대한 철학적 연구≫. 아카넷.

최원배(2020). ≪조건문의 이해≫. 서광사.

Bennett, J.(2003). *A Philosophical Guide to Conditionals*. Oxford: Oxford University Press.

Fine, K.(1975). Review of *Counterfactuals*. *Mind*, *84*.

Lewis, D.(1973a). *Counterfactuals*. Cambridge: Harvard University Press. [Cf]

Lewis, D.(1973b). Counterfactuals and Comparative Possibility. *Journal of Philosophical Logic*, *2*. in PP2.

Lewis, D.(1979). Counterfactual Dependence and Time's Arrow. *Noûs*, *13*. in PP2.

Lewis, D.(1983). *Philosophical Papers*, vol. 1. Oxford: Oxford University Press. [PP1]

Lewis, D.(1986a). *On the Plurality of Worlds*. Oxford: Blackwell. [OPW]

Lewis, D.(1986b). *Philosophical Papers*, vol. 2. Oxford: Oxford University Press. [PP2]

Stalnaker, R.(1968). A Theory of Conditionals. In Rescher, N.(ed.). *Studies in Logical Theory*. Oxford: Blackwell.

06
인과

인과란 무엇인가? 루이스는 반사실 조건문을 사용해 인과 개념에 대한 영향력 있는 분석을 제시했다. 이 분석이 부딪히는 여러 문제들, 특히 늦은 선점 문제, 제압 선점 문제 등을 해결하기 위해 자신의 분석을 계속 수정하고 발전시켰다.

인과 관계와 반사실 조건문

인과 관계란 무엇인가? '한 사건이 다른 사건과 인과 관계를 맺는다'는 것은 무엇을 뜻하는가? 혹은 '사건 c가 사건 e의 원인이다'라는 인과 문장은 어떻게 분석될 수 있는가? 철학에서 한동안 지배적이었던 견해는 규칙성 이론과 그 변형들이었다. 이 견해는 위 문장을 '사건 c가 속하는 유형의 사건들이 일어나면 사건 e가 속하는 유형의 사건들이 일어난다는 것이 규칙적이다(혹은 필연적이다, 높은 확률을 갖는다 등)'로 분석한다. 이런 형태의 분석이 지닌 문제점들은 이미 잘 알려져 있다.

이런 분석에 대한 매력적인 대안은 인과 문장을 반사실 조건문을 통해 분석하는 것이다. 인과 문장에 대한 반사실 조건문적 분석의 가장 기본적이고 자연스러운 형태는 '사건 c가 사건 e의 원인이다'를 다음과 같은 반사실 조건문으로 분석하는 것이다.

(N1) 사건 c가 발생하지 않았더라면 사건 e가 발생하지 않았을 것이다.

예를 들어 사라예보 사건이 제1차 세계대전의 원인이

라고 말하는 것은 사라예보 사건이 발생하지 않았더라면 제1차 세계대전이 발생하지 않았을 것이라고 말하는 것이다.

인과에 대한 루이스의 최초 분석

루이스는 논문 “인과(Causation)”에서 이런 형태의 분석을 발전시킨다(PP2: 159-171). 그 분석 자체를 인과 문장에 대한 분석으로 받아들이지는 않고, (N1)이 성립하는 경우를 ‘사건 e가 사건 c에 인과적으로 의존한다’라고 부를 뿐이다.

루이스가 이 조건을 인과 문장 자체에 대한 분석으로 받아들이지 않은 이유 중 하나는 인과 관계가 이행적 관계여야 한다는 생각에 있다. 즉 c가 e의 원인이고 e가 f의 원인이면, c는 f의 원인이어야 한다는 것이다. 그러나 c가 발생하지 않았더라면 e가 발생하지 않았을 것이고, e가 발생하지 않았더라면 f가 발생하지 않았을 것이라고 해서 ‘c가 발생하지 않았더라면 f가 발생하지 않았을 것’의 성립이 보장되지는 않는다.

이보다 더 중요한 이유는, 상기한 분석이 인과적 선점(preemption) 문제를 해결하지 못한다는 데 있다. 인과적 선점이란 다음과 같은 경우다. 사건 e를 발생시키기에 충분한 두 사건 c_1과 c_2가 모두 발생한다. 그리고 그중 한 사건, 예를 들어 c_1이 c_2와 달리 e를 발생시키는 현실적인 인과적 과정을 낳았다고 여겨진다. c_1이 e의 원인으로서 위치를 먼저 확보했기에 c_2는 e에 대한 현실적 원인이 될 기회를 박탈당하고, 단지 e의 잠재적 원인으로 남는다.

예를 들어 다음과 같은 이야기가 참이라고 하자. 서투른 저격수 오즈월드와 능숙한 저격수 클린트가 케네디를 암살하려 한다. 클린트는 케네디가 오후 두 시 정각에 심장이 파열되어 죽게 하겠다고 마음먹는다. 그런 마음을 먹고 두 시가 되기 얼마 전부터 케네디 가까이서 총으로 케네디의 심장을 겨누고 있다. 클린트는 워낙 능숙한 저격수이므로 그가 그런 마음을 먹고 케네디의 심장에 정확히 총을 겨누는 사건(c_2)이 발생한 이상, 두 시 정각에 케네디의 심장이 파열되는 사건(e)도 발생하지 않을 수 없다. 그러나 클린트는 되도록 자기 총알을 아끼려 하기 때문에, 오즈월드가 정확히 그 시간에 케네디의 심장을 맞힐 것임을 확신할 경우 자기 총알을 쓰지 않을 것이다. 다만 서투른 오즈월드가 실수할 것에 대비해 케네디의 심장을 계속 겨누고 있다. 오즈월드가 실수할 경우 클린트의 총알이 발사되어 케네디의 심장이 파열될 것이다. 그러나 클린트는 두 시 정각이 되기 직전 오즈월드가 케네디의 심장을 정확히 겨누고 총알을 발사하는 것을 확인하고 나서 자기 총을 거둔다. 그리고 케네디의 심장은 오즈월드의 총알에 맞아 파열된다. 이 경우 오즈월드가 케네디의 심장에 정확히 총을 겨누는 사건(c_1)과 그 사건으로부터 직접적으로 촉발된 사건 즉 오즈월드의 총알이 케네디의 심장을 정확히 향해 발사된 사건은 사건 c_2가 사건 e의 원인이 될 기회를 박탈하고 스스로가 사건 e의 원인이 되었다고 여겨진다. 문제는 직관적으로는 c_1이 e의 원인으로 여겨지지만 e와 c_1은 (N1)을 만족하지 않는다는 것이다. 즉 c_1이 발생하지 않았더라도 e는 발생했을 것이다. (루이스의 용어로, e는 c_1에 인과적으로 의존하지 않는다.)

이런 문제를 해결하기 위해 제시된 루이스의 분석은 인과 관계를 인과적 의존의 사슬로 연결된 관계로 본다. 루이스는 우선 d는 c에 인과적으로 의존하고 e는 d에 인과적으로 의존하는 식으로 계속 이어지는 관계를 만족하는 사건들의 유한한 연쇄 c, d, e,…를 '인과적 사슬(causal chain)'이라고 부른다. 그다음 인과 문장 '사건 c가 사건 e의 원인이다'를 다음과 같이 분석한다.

(N2) c에서 e로 연결된 인과적 사슬이 존재한다.

이 분석에 따르면 c와 e가 직접 (N1)을 만족하지 않더라도 c와 e 사이에 (N1)을 만족하는 관계에 있는 사건들의 사슬이 존재하면 c가 e의 원인이라고 할 수 있다. 그리고 (N1)에 의해 정의된 인과적 의존 관계는 이행적이 아니지만, (N2)에 의해 정의된 인과 관계 자체는 이행적이 된다는 점을 알아차리는 것은 어렵지 않다.

그러면 이런 분석이 선점 문제를 어떻게 해결할 수 있는지 살펴보자. 앞서 제시한 예시에서 c_1과 e 사이에는 그 둘을 서로 연결하는 매개적 사건, 예를 들어 오즈월드의 총알이 케네디의 심장을 향해 날아가는 사건 d를 찾을 수 있다. e는 d에 인과적으로 의존하고 d는 c_1에 인과적으로 의존한다. 즉 c_1이 발생하지 않았더라면 d가 발생하지 않았을 것이고, d가 발생하지 않았더라면 e가 발생하지 않았을 것이다. (후자가 성립하는 이유는 d가 발생한 것이 클린트가 이미 총을 거둔 이후의 시점이기 때문이다.) 반면 c_2와 e 사이에는 그런 연결 고리 역할을 하는 매개적 사건을 찾을 수 없다. 따라서 이 분석에 따르면 c_1은 e의 원인이지만 c_2는 e의 원인이 아니게 된다.

늦은 선점 문제와 인과에 대한 루이스의 수정된 분석

루이스 자신이 나중에 깨달았듯이, 루이스의 최초 분석에서의 해결 방식은 모든 종류의 선점을 다 다룰 수는 없다. 루이스는 ≪철학 논문집≫에 실린 후기들 중 하나에서 선점을 비교적 다루기 쉬운 경우인 "이른 선점(early preemption)"과 좀 더 다루기 어려운 경우인 "늦은 선점(late preemption)"으로 나눈다(PP2: 200-205). 클린트와 오즈월드의 예시가 바로 이른 선점의 경우다. c_1에서 시작하는 인과적 과정이 e에서 끝나기 전에 c_2가 원인이 될 기회가 이미 박탈된다. 이것이 "이른" 선점이라고 불리는 이유는 사건 c_2에서 사건 e로의 인과적 과정이 e가 발생하기 전에 이미 절단되기 때문이다. 반면 늦은 선점은 c_1에서 시작하는 인과적 과정이 e를 통해 완결된 이후에야 c_2에서 e로의 인과적 과정이 절단되는 경우다.

늦은 선점의 문제는 앞서 살펴본 방식으로 해결될 수 없다. 예를 들어 오즈월드와 클린트가 모두 케네디의 심장을 향해 총알을 발사했고 다만 오즈월드의 총알이 조금 일찍 케네디의 심장에 도착해 케네디의 심장을 파열시켰다고 하자. 오즈월드의 총알이 발사된 사건 c_1과 클린트의 총알이 발사된 사건 c_2는 모두 케네디의 심장이 파열되는 사건

e를 발생시키기에 충분하고, 둘 중 어느 하나가 발생하지 않았더라도 e는 여전히 발생했을 것이다. 그런데 여기서 더 심각한 문제는 c_1과 e 사이에 인과적 의존 관계를 갖는 매개적 사건을 찾을 수 없다는 것이다. c_2에서 e로의 인과적 과정은 e가 발생할 때까지 계속 진행되므로, c_1과 e 사이의 어떤 사건을 취하든 e가 그 사건에 인과적으로 의존하게 되지 않는다. 즉 그 사건이 발생하지 않았더라도 e는 여전히 c_2로부터의 인과적 과정 덕에 발생했을 것이다.

루이스는 ≪철학 논문집≫의 후기에서 이 문제를 해결하기 위해 이른바 '유사 의존(quasi-dependence)'이라는 개념을 끌어들여 자신의 분석을 수정한다(PP2: 205-207). 사건 e가 사건 c에 유사 의존한다는 것은, c와 e가 그 자체로는 (N1)을 만족하지 않지만 c와 e가 처해 있는 시공간 영역이 (동일한 자연법칙이 성립하는 어떤 가능세계에 있으면서) (N1)을 만족하는 어떤 두 사건 c′과 e′이 처해 있는 시공간 영역과 같은 내재적 속성들을 갖는 경우를 말한다. 루이스는 '인과적 사슬'을 각각의 단계에서 서로 인과적으로 의존하거나 유사 의존하는 사건들의 유한한 연쇄로 약화해 정의한 다음, '인과적 사슬'이 그렇게 이해된 한에서의 분석 (N2)를 받아들인다.

이 수정된 분석에서 오즈월드의 총알이 발사된 사건 c_1

은 케네디의 심장이 파열되는 사건 e의 원인이라고 할 수 있다. e는 c_1에 인과적으로 의존하지 않지만 유사 의존하기 때문이다. 어떤 가능세계는 그 내재적 속성들이 c_1과 e가 처한 시공간 영역과 완전히 같은 시공간 영역을 포함하면서 c_2에 해당하는 사건은 포함하지 않을 수 있다. 그리고 그 가능세계의 시공간 영역은 (c_2에 해당하는 사건이 없으므로) c_1에 해당하는 사건과 e에 해당하는 사건 사이에 인과적 의존 관계가 성립하는 영역일 것이다.

제압 선점 문제와 인과에 대한 루이스의 마지막 분석

루이스의 수정된 분석 역시 모든 종류의 선점을 다루지는 못한다. 이른 선점과 늦은 선점은 모두 선점하는 사건과 결과 사건 사이 연속적 인과 과정의 존재(그리고 선점하지 못한 사건과 결과 사건 사이 연속적 인과 과정의 부재)를 전제한다. 최근 철학자들은 이른 선점도 늦은 선점도 아닌, 연속적 인과 과정 없는 선점을 논의하기 시작했다. 조너선 섀퍼(Jonathan Schaffer)가 "제압 선점(trumping preemption)"이라고 부르는 선점이 그것이다(Schaffer, 2000).

예를 들어 특정한 날에 첫 번째로 외워진 주문이 그날

자정에 그대로 이루어지는 자연법칙이 성립하는 가능세계를 상상해 보자. 그 주문은 직접적으로 이루어지며, 주문과 그것의 성취 사이에는 그 어떤 매개적 사건도 없다고 가정하자. 멀린이 먼저 왕자를 개구리로 변하게 하는 주문을 외웠고 모가나가 뒤이어 같은 주문을 외웠다. 그리고 자정에 왕자가 개구리로 변했다. 이 경우 왕자가 개구리로 변한 사건 e의 원인은 멀린의 주문 c_1이고, 모가나의 주문 c_2는 선점에 실패해 원인이 되지 못했다고 말해야 할 것이다.

이 경우 루이스의 원래 분석이나 수정된 분석이나 올바른 답을 내놓지 못한다. 우선 c_1과 e 사이에는 매개적 사건이 없고, 따라서 그 둘 사이에서는 인과적으로 의존하는 것들의 사슬도 찾을 수 없으므로 원래 분석은 해결책이 될 수 없다. 수정된 분석에 따르면 c_1은 e에 유사 의존하지만 c_2 역시 e에 유사 의존하므로 둘 다 e의 원인이 되어 버린다. c_2가 e에 유사 의존한다고 볼 수 있는 이유는 c_2와 e가 처한 시공간 영역과 같은 내재적 속성들을 지닌, 그러면서 서로 인과적으로 의존하는 두 사건을 포함하는 (한 가능세계의) 시공간 영역을 찾는 것이 어렵지 않기 때문이다. 그 영역은 멀린이 주문을 외우지 않았고 모가나만 주문을 외운 가능세계에서의 (모가나의 주문과 왕자의 변신을 포함하는) 시공간 영역일 것이다.

이러한 문제와 그 밖의 여러 문제들을 피하기 위해, 루이스는 인과에 대한 그의 마지막 논문 "영향으로서의 인과(Causation as Influence)"에서 자신의 종래 분석들과 크게 다른 새로운 인과 분석을 내놓았다(Lewis, 2000). 이 새로운 분석은 인과적 의존 관계를 (N1)에서와 같이 사건 e가 발생했는지(whether)가 사건 c가 발생했는지에 반사실 조건문적으로 의존하도록 규정하는 데 그치지 않는다. 사건 e가 어떻게(how) 발생했는지와 언제(when) 발생했는지 등도 사건 c가 어떻게 그리고 언제 발생했는지에 반사실 조건문적으로 의존하도록 규정한다. 그리하여 e가 c에 인과적으로 의존한다는 것은, c가 조금만 달라졌더라면 e도 그에 상응해 달라졌을 것임을 뜻한다(즉 c는 e에 크게 영향받는다). 그리고 인과 관계 자체는 앞선 분석에서와 마찬가지로 서로 인과적으로 의존하는 사건들의 사슬로 연결되어 있다고 정의된다.

이런 분석이 주어지면 "제압 선점" 문제는 해결될 수 있다. 앞서 제시한 예에서 멀린의 주문이 왕자를 두꺼비로 변하게 하는 내용이었더라면 왕자의 변신은 개구리로의 변신이 아니라 두꺼비로의 변신이었을 것이다. 반면 모가나의 주문이 다른 내용이었다고 해도 왕자의 변신은 영향받지 않고 여전히 개구리로의 변신이었을 것이다. 따라서 루이스의 새로운 분석에 의거해 멀린의 주문은 왕자의 변신의 원인이고 모가나의 주문은 그 변신의 원인이 아니라고 말할 수 있게 되었다.

루이스가 자신의 새로운 분석을 또 어떤 다른 방식으로 수정하거나 발전시킬 수 있었을지 우리는 알지 못한다. 루이스는 자신의 새 분석을 담은 논문이 발표된 이듬해에 세상을 떠났기 때문이다.

참고문헌

김동현 외(2020). ≪인과≫. 서광사.

김세종(2000). "루이스(David Lewis)의 인과론: 인과박탈의 문제를 중심으로". ≪철학≫, 62.

노호진(2010). "반사실적 조건문과 인과적 의존". ≪철학사상≫, 35.

선우환(2020). ≪때문에: '때문에'의 의미에 대한 철학적 연구≫. 아카넷.

최성호(2001). "사건 인과에 관한 반사실적 조건문 분석과 사건 본질". ≪철학≫, 66.

최성호(2003). "인과에 대한 영향 이론과 그 적들". ≪과학철학≫, 6(2).

Beebee, H., Hitchcock, C., & Price, H.(eds.)(2017). *Making a Difference: Essays on the Philosophy of Causation.* Oxford: Oxford University Press.

Collins, J., Hall, N., & Paul, L. A.(eds.)(2004). *Causation and Counterfactuals.* Cambridge: MIT Press.

Hall, N.(2004). Two Concepts of Causation. In Collins, J., Hall, N., & Paul, L. A.(eds.). *Causation and Counterfactuals.* Cambridge: MIT Press.

Hitchcock, C.(2015). Lewis on Causation. In Loewer, B. & Schaffer, J.(eds.). *A Companion to David Lewis.* Chichester, West Sussex; Malden, MA: John Wiley & Sons Inc.

Lewis, D.(1973a). *Counterfactuals.* Cambridge: Harvard University Press. [Cf]

Lewis, D.(1973b). Causation. *Journal of Philosophy, 70.* reprinted in PP2.

Lewis, D.(1979). Counterfactual Dependence and Time's Arrow. *Noûs, 13.* in PP2.

Lewis, D.(1983). *Philosophical Papers*, vol. 1. Oxford: Oxford University Press. [PP1]

Lewis, D.(1986a). *On the Plurality of Worlds.* Oxford: Blackwell. [OPW]

Lewis, D.(1986b). *Philosophical Papers*, vol. 2. Oxford: Oxford University Press. [PP2]

Lewis, D.(2000). Causation as Influence. *Journal of Philosophy, 97.*

Lewis, D.(2004). Void and Object. In Collins, J., Hall, N., & Paul, L. A.(eds.). *Causation and Counterfactuals.* Cambridge: MIT Press.

Schaffer, J.(2000). Trumping Preemption. *Journal of Philosophy, 97.*

Woodward, J.(2003). *Making Things Happen: A Theory of Causal Explanation.* Oxford: Oxford University Press.

07
의미와 내용

루이스를 비롯한 여러 철학자들은 언어적 표현의 내포적 의미를 규정하는 체계적 형태의 가능세계 의미론을 발전시켰다. 이는 믿음 등의 내용을 규정하는 이론으로도 확장되었다. 루이스는 지표어를 포함하는 문장까지 다룰 수 있게끔 중심을 가진 가능세계 개념을 도입했다.

외연과 내포

고틀로프 프레게(Gottlob Frege) 이래 언어의 의미에는 최소 두 가지 서로 다른 측면 또는 종류가 있다는 것이 널리 알려져 왔다. 외연(extension)과 내포(intension)가 바로 그것이다. '태양계 제3행성'과 같은 지시적 표현의 외연은 그 표현이 지시하는 대상 즉 지구이고, '철학자다'와 같은 술어적 표현의 외연은 그 표현이 적용되는 대상들의 집합, 즉 소크라테스, 플라톤 등으로 이루어진 집합이다. 그런데 같은 외연을 지닌 표현들도 의미에서는 서로 다를 수 있다. 예컨대 같은 대상을 외연으로 하는 두 표현 '태양계 제3행성'과 '태양계에서 물이 가장 많은 행성'은 서로 다른 의미를 지닌다고 여겨지고, 같은 집합을 외연으로 하는 두 표현 '심장 동물이다'와 '콩팥 동물이다'도 서로 다른 의미를 지닌다고 여겨진다. '태양계 제3행성'과 '태양계에서 물이 가장 많은 행성', '심장 동물이다'와 '콩팥 동물이다'가 각각 서로 다르게 갖는 의미는 그 표현들의 내포다. '태양계 제3행성'과 '태양계에서 물이 가장 많은 행성'은 같은 대상을 서로 다른 속성을 사용해서 지시하고, '심장 동물이다'와 '콩팥 동물이다'는 같은 대상들의 집합을 서로 다른 속성을 통해서 결정한다. 그런 속성들의 차이에 따라 표현들이 서로 다른 내포를 지닌다고 여겨진다.

그런데 언어적 표현의 외연들은 분명하게 명시될 수 있는 반면, 내포들은 명료하게 규정되기 어렵다. 우리는 특정 대상을 지적하거나 대상들을 열거함으로써 언어적 표현의 외연들을 명시할 수 있다. 그러나 언어적 표현의 내포에 해당하는 속성들은 분명하게 규정되기에는 너무나 추상적인 존재자다. '심장 동물임', '콩팥 동물임'과 같은 언어적 표현들을 사용해서 어떤 속성을 명시할 수는 있겠지만, 이는 결국 언어적 표현의 의미 차이를 명시하기 위해 언어적 표현에 의존할 수밖에 없다는 문제에 이른다.

언어 일반의 내포에 대한 가능세계 의미론

주지하다시피, 가능세계는 양상 문장이나 반사실 조건문에 대한 의미를 명시하는 데 중요하게 사용된다. 여러 철학자들은 이들 문장에 대한 가능세계 의미론을 제시했고, 특히 루이스는 매우 발전된 형태의 가능세계 의미론을 제시해 큰 영향력을 행사했다.

그런데 사실 가능세계는 언어 일반의 내포적 의미를 규정하는 데에도 사용될 수 있다. 루이스를 비롯한 여러 철학자들[루돌프 카르나프(Rudolf Carnap), 리처드 몬터규(Richard Montague) 등]은 언어적 표현들의 내포를 규정하는 체계적 형태의 가능세계 의미론을 발전시켰다. 특히 루이스는 논문 "일반 의미론(General Semantics)"에서 이런 일반적인 가능세계 의미론을 전개했다.

'심장 동물이다'와 '콩팥 동물이다'라는 표현은 각각 <심장 동물임>, <콩팥 동물임>이라는 속성을 내포로 갖는다고 이야기하는 것 이상의 방식으로 그 내포를 명시적으로 규정할 수 있어야 한다. 루이스의 이론을 비롯한 여러 일반적인 가능세계 의미론에서 내포들은 함수로 간주됨으로써 규정된다.

우선 문장과 이름(지시적 표현)을 기본적인 문법 범주로 간주해 보자. 문장의 내포, 즉 명제는 각 가능세계에서 진리치로의 함수로 규정될 수 있다. 즉 한 문장이 어떤 가능세계들에서 참이고 어떤 가능세계들에서 거짓인지 명시함으로써 그 내포가 규정된다. (또는 대안으로 문장이 참인 가능세계들의 집합으로 함수를 대신할 수도 있다.) 마찬가지로 이름의 내포는 각 가능세계에서 그것이 명명하는 (또는 지시하는) 대상으로의 함수로 규정될 수 있다.

이제 파생적인 문법 범주의 표현들이 지닌 내포는 내포로부터 내포로의 함수로 규정될 수 있다. 예를 들어 술어적 표현 '심장 동물이다'는 '푸바오'와 같은 이름과 결합해서 '푸바오는 심장 동물이다'와 같은 문장을 구성할 수 있게 하는 표현이므로 이름의 내포로부터 문장의 내포로의 함수로 규정될 수 있다. 즉 각 가능세계에 어떤 대상이 할당될 때 그 대상에 대해 각 가능세계에서 참인지 거짓인지 명시되면 '심장 동물이다'의 내포가 명시된다.

루이스 스스로가 강조하듯 언어적 표현의 의미는 그 내포와 동일시될 수 없다(PP1: 200). 예를 들어 두 항진(恒眞) 문장 "눈이 희거나 눈이 희지 않다"와 "지구가 둥글거나 지구가 둥글지 않다"는 같은 내포(즉 모든 가능세계로부터 참으로의 함수)를 지니지만 같은 의미를 지닌다고는 할 수 없다. 언어적 표현들의 미세한(fine) 의미 차이를 구분하려면 표현 전체의 내포를 고려하는 것으로는 충분하지 않고, 표현을 이루는 표현들의 내포까지 고려해야 한다. 위 두 문장의 의미 차이는 두 문장 속의 안긴문장(embedded sentence) 즉 "눈이 희다"와 "지구가 둥글다"의 내포 차이에 기인한다. 의미와 내포가 동일시될 수 있는 것은 오직 가장 단순한 언어적 표현들뿐이다.

언어의 의미에 대한 가능세계 이론은 믿음(belief) 등의 정신적 태도(mental attitude)의 내용(content)을 규정하는 이론으로도 확장될 수 있다. 한국인 철수가 ("지구는 둥글다"고 말하면서) 지구는 둥글다고 믿을 때와 미국인 수지가 ("The Earth is round"라고 말하면서) 지구는 둥글다고 믿을 때, 두 사람은 서로 다른 문장을 통해서 자신의 믿음 내용을 표현하겠지만 그럼에도 같은 내용의 믿음을 지닌다고 할 수 있다. 두 사람이 지닌 공통된 믿음의 내용 역시 비슷한 방식으로 각 가능세계로부터의 함수를 통해 규정될 수 있다.

물론 이 경우에도 믿음의 내용이 각 가능세계로부터 진리치로의 함수와 동일시될 수는 없다. 눈이 희거나 눈이 희지 않다는 믿음과 지구가 둥글거나 지구가 둥글지 않다는 믿음은 같은 내용의 믿음이라고 할 수 없기 때문이다. 이 경우에도 믿음 내용의 미세한 차이를 고려하려면 믿음의 구성 요소의 내용까지 고려해야 할 것이다.

중심화된 가능세계

언어 일반(그리고 정신적 태도의 내용)에 대한 가능세계 의미론은 여러 측면의 보완이 필요하다. 특히 '나', '여기', '지금'과 같은 지표어의 의미를 다루는 데 가능세계 그리고 가능세계로부터의 함수로 이야기하는 것만으로는 충분하지 않다. 예를 들어 문장 '나는 철학자다'는 동일한 가능세계 즉 현실 세계에서도 소크라테스가 발화했을 때는 참이지만 나폴레옹이 발화했을 때는 참이 아니다. 따라서 그 문장의 내포가 가능세계로부터의 함수로 간주될 수는 없다.

마찬가지의 문제가 믿음 등 정신적 태도의 내용에 관해서도 나타난다. 루이스는 논문 "데 딕토 태도와 데 세 태도(Attitudes *De Dicto* and *De Se*)"에서 데 세 태도(attitude *de se*, 대자적 태도) 개념을 도입했다(PP1: 139). 데 딕토 태도(attitude *de dicto*, 대언적 태도)는 내포로서 명제(즉 가능세계들로부터 진리치로의 함수, 또는 가능세계들의 집합)를 내용으로 하는 태도다. 반면 데 세 태도는 데 딕토 태도로 환원될 수 없는 방식으로 자기 자신에 대한 내용을 갖는 태도다.

루이스는 다음과 같은 가상적 상황을 고려하는 사고실험을 한다(PP1: 139). 어떤 가능세계에 두 신이 있다. 그중 첫째 신은 그 세계에서 가장 높은 산 위에 있고, 둘째 신은 그 세계에서 가장 추운 산 위에 있다. 두 신 모두 그 세계가 어떠한지에 대한 모든 내용 즉 그 세계에 대해 성립하는 모든 명제를 알고 있다는 의미에서 전지적이다. 그러나 그럼에도 불구하고 두 신은 자신이 두 신 중 어떤 신인지 알지 못할 수 있다.

이 상황에서 그 두 신은 데 딕토 믿음에서 완전히 일치한다. 만약 두 신 중 한 신이 "나는 세계에서 가장 높은 산 위에 있다"고 말하면서 자신이 세계에서 가장 높은 산 위에 있다고 믿는다면, 그 신은 데 딕토 믿음으로 환원될 수 없는 데 세 믿음을 지니는 것이다. 자기 자신에 대한 그 믿음 내용은 내포로서 명제(즉 가능세계들로부터 진리치로의 함수, 또는 가능세계들의 집합)와 동일시될 수 없다.

이러한 문제를 해결하기 위해 루이스는 중심화된 가능세계(centered possible world) 개념을 도입한다(PP1: 139). 중심화된 가능세계는 가능세계와 그 가능세계 속 중심(으로 지정된 것)의 순서쌍이다. 가능세계 속 중심은 그 가능세계에 있는 특정 대상으로 지정될 수도 있고, 그 가능세계의 특정 시공점(時空点)으로 지정될 수도 있다. 예를 들어 두 신이 있는 세계는 같은 가능세계이지만, 그 가능세계와 첫째 신으로 이루어진 순서쌍(중심화된 세계 1)과 그 가능세계와 둘째 신으로 이루어진 순서쌍(중심화된 세계 2)은 서로 다른 중심화된 세계다.

가능세계만 주어졌을 때 "나는 세계에서 가장 높은 산 위에 있다"(그리고 그 문장을 통해 표현되는 믿음 내용)는 참이라고도 거짓이라고도 할 수 없다. 그 문장(과 믿음 내용)은 중심화된 세계가 주어졌을 때 비로소 참이거나 거짓이다. "나는 세계에서 가장 높은 산 위에 있다"(그리고 그 문장을 통해 표현되는 믿음 내용)는 중심화된 세계 1에 대해서는 참이지만 중심화된 세계 2에 대해서는 거짓이다. 즉 지표어를 포함하는 문장과 데 세 믿음 내용은 객관적 가능세계에 대해 참이거나 거짓인 것이 아니라 가능세계와 그 가능세계 속 중심 위치(또는 관점)에 대해 참이거나 거짓이다. 따라서 데 세 믿음 내용은 가능세계들의 집합(또는 가능세계들로부터 진리치로의 함수)과는 동일시될 수 없고, 그 대신 중심화된 세계들의 집합(또는 중심 세계들로부터 진리치로의 함수)과 동일시될 수 있다. 루이스는 이와 같이 중심화된 세계들이라는 개념을 도입함으로써 가능세계 의미론과 가능세계를 통한 내용 이론을 유연하게 보완할 수 있었다.

참고문헌

Carnap, R.(1947). *Meaning and Necessity.* Chicago: University of Chicago Press.

Holton, R.(2003). David Lewis's Philosophy of Language. *Mind & Language, 18*(3).

Lewis, D.(1970). General Semantics. *Synthese, 22.* reprinted in PP1.

Lewis, D.(1979). Attitudes *De Dicto* and *De Se. Philosophical Review, 88*(4). reprinted in PP1.

Lewis, D.(1983). *Philosophical Papers*, vol. 1. Oxford: Oxford University Press. [PP1]

Liao, S.(2012). What Are Centered Worlds?. *The Philosophical Quarterly, 62*(247).

Montague, R.(1974). *Formal philosophy: Selected Papers of Montague.* New Haven: Yale University Press.

08
지식

폐쇄성 원리에 근거한 회의주의적 논증은 지식에 대한 두 강한 직관적 판단을 어떻게 조화시킬지에 관한 문제를 불러일으킨다. 회의주의의 문제를 해결하기 위해 루이스는 가능성 개념을 사용해 지식 개념을 분석했고, 그 분석에 맥락주의적으로 접근했다. 루이스의 맥락주의가 회의주의의 문제를 완전히 해결할 수 있는지에 대해서는 반성이 필요하다.

회의주의의 문제

회의주의의 문제는 우리가 일상적으로 알고 있다고 여기는 것들을 실제로는 알지 못한다는 결론의 논증이 설득력 있게 전개될 수 있다는 데서 비롯한다. 이러한 대표적 회의주의 논증은 다음과 같이 전개된다.

나는 지금 책 한 권을 보면서, 내 앞에 책이 있다는 것을 안다고 생각한다. 그러나 힐러리 퍼트넘(Hilary Putnam)의 회의주의적 사고실험에서 상상된 것처럼, 나는 책이 없는 텅 빈 실험실에 있는 통 속의 두뇌(brain in a vat)일지도 모른다. 즉 나의 두뇌는 신체 나머지 부분과 분리되어 통 속에 있고, 내가 가진 감각 경험들은 전부 두뇌에 연결된 전극들을 통해 컴퓨터의 가상현실 프로그램이 가하는 전기 자극에 의해 형성되는 것일지도 모른다. 나는 내가 그런 통 속의 두뇌가 아니라는 것을 알지 못한다.

그런데 나의 지식에 대한 이 두 가지 사실(내 앞에 책이 있다는 것을 아는 것과 내가 텅 빈 실험실에 있는 통 속의 두뇌가 아님을 알지 못하는 것)은 양립할 수 없는 것 같다. 내 앞에 책이 있다는 것(P)은 내가 텅 빈 실험실에 있는 통 속의 두뇌가 아니라는 것(Q)을 논리적으로 함축한다. 그렇다면 내 앞에 책이 있다는 것(P)을 알 경우 내가 (텅 빈 실험실에 있는) 통 속의 두뇌가 아니라는 것(Q)도 알아야 하지 않는가? 또는 역으로 내가 (텅 빈 실험실에 있는) 통 속의 두뇌가 아니라는 것(Q)을 알지 못한다면 내 앞에 책이 있다는 것(P)도 알지 못하는 것이 아닌가? 이는 다음과 같은 원리에 의해 뒷받침된다.

(CP) 어떤 인식 주체 S와 어떤 내용 p, q에 대해서도, S가 p를 알고, S가 p는 q를 함축한다는 것을 안다면, S는 q를 안다.

'폐쇄성 원리(closure principle)'라고 불리는 이 원리는 상당히 받아들일 만한 듯한 원리다. 대표적인 회의주의 논증은 이 원리를 이용해 내가 (텅 빈 실험실에 있는) 통 속의 두뇌가 아니라는 것(Q)을 알지 못한다는 사실로부터 내가 내 앞에 책이 있다는 것(P)도 알지 못한다는 결론을 이끌어 낸다.

그런데 두 가지 사실이 어떻게 양립할 수 있는가? 내 앞에 책이 있다는 것(P)을 알 수 있다는 사실과 내가 (텅 빈 실험실에 있는) 통 속의 두뇌가 아니라는 것(Q)을 알지 못한다는 사실이 어떻게 양립할 수 있는지 설명해야 한다는 문제가 회의주의의 논증에서 발생한다.

지식 개념에 대한 루이스의 분석과 맥락주의

루이스는 회의주의의 문제를 해결하기 위해 지식 개념에 대한 다음과 같은 분석을 제시했다(Lewis, 1996: 422, 436).

(K) S가 p라는 것을 안다는 것은 다음과 같은 경우 그리고 오직 그 경우다. p가 S의 증거에 의해 제거되지 않는 (우리가 적절하게 무시하고 있는 가능성들을 제외한) 모든 가능성에서 성립한다.

루이스에 따르면 한 가능성 w가 S의 증거에 의해 제거되지 않는다는 것은, w에서 S가 가진 증거(지각 경험, 기억 등)가 현실적으로 가진 증거(지각 경험, 기억 등)와 정확히 일치(match)함을 뜻한다(Lewis, 1996: 424). 즉 한 주체가 p를 알기 위해서는 자신의 증거와 일치하는 모든 가능성(단, 특정한 예외를 제외한 모든 가능성)에서 p가 성립해야 한다.

이 분석에서 특히 중요한 요소는 모든 가능성을 고려하되, 어떤 가능성들을 예외로 둘 수 있게 하는 괄호 안의 암묵적 조항이다. 맥락주의자(contextualist)인 루이스는 이러한 예외가 맥락에 따라 달라지며 지식이 귀속되는 조건도 이에 따라 변한다고 본다. 즉 각각의 맥락에서 우리가 어떤 가능성을 무시해도 되는지가 달라지고, 따라서 '안다'라는 말의 외연은 각각의 맥락에 따라 달라진다. 이에 따라 루이스는 어떤 가능성을 적절하게 무시할 수 있고, 어떤 가능성을 무시할 수 없는지를 규정하는 다양한 규칙을 제시한다.

루이스가 제시한 적절성 규칙들 중에서 회의주의의 문제와 관련해 중요한 규칙은 주목의 규칙(rule of attention)이다. 이 규칙에 따르면 우리가 특정 맥락에서 주목하는 가능성은 그 맥락에서 적절하게 무시될 수 없다(Lewis, 1996: 434). 즉 어떤 가능성이 아무리 비현실적이거나 극단적이더라도, 우리가 그것을 고려하고 언급하는 순간 우리는 그 가능성을 무시할 수 없게 된다.

보통의 일상적 맥락에서 우리는 데카르트적 악령에 의해 기만당할 가능성이나 우리가 통 속의 두뇌일 가능성 같은 극단적 회의주의적 시나리오들을 무시한다. 그리고 그런 가능성들을 배제한 상태에서 내 앞에 책이 있다는 것(P)은 나의 증거와 일치하는 모든 가능성에서 참이다. 따라서 일상적 맥락에서 나는 내 앞에 책이 있다는 것(P)을 안다고 할 수 있다.

반면 회의주의 논의 맥락에서는 그런 극단적 가능성들

을 명시적으로 고려하므로, 우리는 더 이상 그런 가능성들을 무시할 수 없다. 그리고 나의 증거들은 그런 가능성을 배제하지 못한다. 따라서 회의주의 논의 맥락에서 나는 내가 (텅 빈 실험실에 있는) 통 속의 두뇌가 아니라는 것(Q)과 같은 내용을 알지 못한다.

결국 루이스의 맥락주의적 접근에 따르면 내 앞에 책이 있다는 것(P)을 안다고 할 때와 내가 (텅 빈 실험실에 있는) 통 속의 두뇌가 아니라는 것(Q)을 알지 못한다고 할 때 나는 서로 다른 맥락에서 '안다'라는 말을 사용하기 때문에, '나는 내 앞에 책이 있다는 것을 안다'와 '나는 내가 통 속의 두뇌가 아니라는 것을 알지 못한다'가 양립하기 어려워 보임에도 둘 다 각각 참일 수 있게 된다. 이처럼 루이스의 이론은 회의주의 논증이 제기하는 문제를 해소하면서도 우리의 직관적인 지식 개념을 유지할 수 있는 설명을 제공한다.

맥락주의는 회의주의의 문제를 완전히 해결하는가

루이스는 내가 내 앞에 책이 있다는 것(P)을 아는 것과 통 속의 두뇌가 아니라는 것(Q)을 알지 못하는 것이 둘 다 참일 수 있는 이유가 서로 다른 맥락에서 지식이 귀속되기 때문이라고 설명함으로써 회의주의 문제를 해결하려 한다.

그러나 주목해야 할 것은, 회의주의 논증에 대해 논의하는 단일한 맥락(예를 들어 인식론 수업)에서조차 우리가 '나는 내 앞에 책이 있다는 것(P)을 안다'와 '나는 통 속의 두뇌가 아니라는 것(Q)을 알지 못한다'라는 두 주장 모두에 대해 강한 직관을 갖는다는 사실이다. 루이스가 제시한 주목의 규칙에 따르면 우리가 언급하고 있는 가능성은 무시될 수 없다. 그럼에도 우리는 우리가 통 속의 두뇌일 가능성을 명시적으로 언급하면서 여전히 '나는 내 앞에 책이 있다는 것을 안다'와 같은 주장에 강한 직관적 확신을 갖는다. 우리가 두 주장 모두를 받아들일 때마다 그사이에 맥락을 넘나든다는 것은 상당히 받아들이기 어렵다.

물론 루이스의 맥락주의는 회의주의 문제의 어떤 측면을 효과적으로 설명할 수 있다. 특히 루이스가 예측한 대로 내가 통 속의 두뇌일 가능성을 고려하지 않는 일상적 맥락에서는 내 앞에 책이 있다는 것(P)에 대한 지식 주장이 더욱 확고해지는 경향이 있다. 하지만 회의주의 논의를 시작했다고 해서 내가 통 속의 두뇌가 아니라는 것(Q)을 알지는 못하듯이, 내 앞에 책이 있다는 것(P)을 알지 못한다고 해서 그것을 동일한 강도로 평가하게 되는 것은 아니다. 즉 우리는 우리가 통 속의 두뇌일 가능성을 고려한 후에도 여전히 '나는 내 앞에 책이 있다는 것을 안다'는 주장에 대해 상대적으로 더 강한 확신을 유지하는 경향이 있다. 이 점에서 루이스의 맥락주의가 회의주의의 논증이 제기하는 문제를 완전히 해결한다고 보기는 어렵다. [필자는 이러한 문제를 다른 글에서 더욱 본격적으로 제기했고, 이 문제에 대한 대안적 해결책을 제시했다(선우환, 2011).]

참고문헌

선우환(2011). "회의주의 문제와 지식의 정당화 조건: 루이스의 이론과 새로운 이론". ≪철학연구≫, 93.

Cohen, S.(1998). Contextualist Solutions to Epistemological Problems: Scepticism, Gettier, and the Lottery. *Australasian Journal of Philosophy, 76.*

Hawthorne, J.(2004). *Knowledge and Lotteries.* Oxford: Clarendon Press.

Lewis, D.(1996). Elusive Knowledge. *Australasian Journal of Philosophy, 74*(4). reprinted in PME.

Nozick, R.(1981). Philosophical Explanations. Oxford: Oxford University Press.

Schaffer, J.(2015). Lewis on Knowledge Ascriptions. In Loewer, B. & Schaffer, J.(eds.). *A Companion to David Lewis.* Chichester, West Sussex; Malden, MA: John Wiley & Sons Inc.

Vogel, J.(1990). Are There Counterexamples to the Closure Principle?. In Roth, M. & Ross, G.(eds.). *Doubting: Contemporary Perspectives to Skepticism.* Dordrecht: Kluwer.

09
물질과 정신

루이스는 유물론을 옹호하기 위해 분석적 기능주의를 제안했다. 분석적 기능주의에 따르면 정신적 개념은 인과적 역할에 의해 정의될 수 있다. 루이스는 인과적 역할을 실제로 수행하는 것이 물리적 상태라는 경험적 가설을 추가함으로써 각각의 정신적 상태가 어떤 물리적 상태와 같다는 유물론적 결론을 이끌어 냈다. 또한 루이스는 유물론에 대한 프랭크 잭슨의 반론에 능력 가설에 의거해 대응했다.

유물론 논제와 분석적 기능주의

루이스가 학문 여정 초기부터 받아들이고 옹호한 중요한 형이상학적 논제는 물리주의(physicalism) 논제, 즉 유물론(materialism) 논제다. 유물론 논제는 여러 방식으로 정식화될 수 있다. 그중 한 가지 방식은 현실적으로 존재하는 모든 것이 물질적이라고 보는 것이다. 정신적인 모든 것은 물질적인 어떤 것과 동일하다. 루이스는 특히 각각의 경험과 같은 정신적 상태가 어떤 신경생리적 상태와 동일하다는 주장을 옹호했다(PP1: 99). 예를 들어 아픔 상태는 어떤 특정한 신경생리적 상태와 동일하다.

이 과정에서 루이스가 발전시킨 중요한 이론이 바로 분석적 기능주의(analytic functionalism)다. 루이스는 초기 논문 "동일론에 대한 옹호(An Argument for the Identity Theory)"에서 이미 동일론(각 정신적 상태가 어떤 물리적 상태와 동일하다는 이론)을 옹호하면서 분석적 기능주의 이론을 제안했고(PP1: 99-107), "미친 아픔과 화성인의 아픔(Mad Pain and Martian Pain)" 등의 논문에서 분석적 기능주의를 발전시키고 옹호했다(PP1: 122-130).

분석적 기능주의에 따르면 아픔이나 간지러움과 같은 정신적 개념은 인과적 역할에 의해 정의될 수 있다. 이런 정의를 위해 우리는 아픔 등 정신적 개념들과 연관된 민간 심리학(folk psychology)에서 받아들일 만한 상식적이고 상투적인 주장들을 수집할 수 있다. 특히 우리는 "아픔은 흔히 불쾌감을 유발한다", "조직 손상은 흔히 아픔을 유발한다", "아픔은 흔히 회피 행동을 유발한다" 등 아픔이 다른 내적·외적 상태들과 어떤 인과적 관련을 맺는지에 대한 상식적 주장들을 생각할 수 있다. 이들 주장은 우리가 아픔에 대한 경험적·과학적 탐구를 하기 전에 상식적으로 받아들이는 주장이며, 아픔 개념을 구성하게 해 준다. 우리는 이들 문장을 연결해 하나의 긴 문장을 구성한 후, '아픔' 자리를 변항으로 대체할 수 있다.

(CR) 조직 손상은 흔히 X를 유발한다 그리고 X는 흔히 불쾌감을 유발한다 그리고 X는 흔히 회피 행동을 유발한다 그리고 …

그러면 아픔은 무엇이든 이 (CR)을 만족하는 것이라고 정의될 수 있다. 우리의 일상적 개념 분석에 의해 아픔은 (CR)에서 명시된 인과적 역할을 수행하는 것이다.

유물론적 결론 즉 동일론으로 나아가기 위해서는 이런 개념 분석에 더해 경험적 전제가 필요하다. 이 경험적 전제는 (CR)에서 명시된 인과적 역할을 현실적으로 수행하는 것이 특정한 물리적 상태(이를테면 C신경섬유 활성화와 같은 신경생리적 상태)라고 본다. 이 경험적 전제는 과학에 의해 밝혀져야 할 것이지, 철학자가 구체적으로 정확히 어떤 물리적 상태가 (CR)에서 명시된 인과적 역할을 현실적으로 수행할지를 선험적으로 밝힐 수는 없다. 그러나 그동안 이루어진 물리과학의 발전은 어떤 물리적 상태를 인과적으로 설명하는 것이 그 자체로 물리적 상태여야 한다는 가설을 받아들일 만하게 했다(PP1: 105). 따라서 정확히 어떤 물리적 상태가 (CR)을 만족할지에 대해서는 추가적인 경험과학적 연구가 필요하겠지만, (CR)을 만족하는 어떤 물리적 상태가 있을 것임은 그 가설에 의해 합리적으로 추정할 수 있다.

그 논증은 다음과 같이 정리될 수 있다.

① (CR)에서 명시된 인과적 역할을 현실적으로 수행하는 상태가 무엇이건 그 상태가 아픔이다(분석적 전제).
② 어떤 물리적 상태(이를테면 C신경섬유 활성화 상태)가 (CR)에서 명시된 인과적 역할을 현실적으로 수행한다(경험적 전제).
③ 그러므로 어떤 물리적 상태(이를테면 C신경섬유 활

성화 상태)가 아픔이다(결론).

물론 이런 논증은 아픔뿐 아니라 다른 정신 상태들에도 일반적으로 적용될 수 있다. 루이스가 발전시킨 이러한 논증은 유물론에 대한 매우 중요한 논증으로서 이후 매우 큰 영향력을 발휘했다.

유물론 논제와 의식적 경험의 질적 본성

유물론적 입장에 대한 중요한 철학적 도전은 유물론이 우리의 의식적 경험(conscious experience)의 고유한 질적 본성(qualitative nature)을 충분히 해명하지 못한다는 반론이다. 그런 반론은 여러 논증의 형태로 제시되는데, 그중 대표적인 논증이 프랭크 잭슨(Frank Jackson)의 지식 논증(Knowledge Argument)이다. 잭슨은 태어날 때부터 흑백 방에서 성장한 신경생리학자 메리에 대한 사고실험을 제시한다(Jackson, 1982; 1986). 메리는 흑백 방에서 세계의 물리적 측면에 대해 알아야 할 모든 것을 배웠다. 메리가 배운 것들 중에는 어떤 신경생리적 상태가 어떤 인과적 역할을 수행하는지에 대한 사실들도 모두 포함된다. 메리는 어떤 파장의 빛이 사람들의 망막에 부딪혀 어떤 신경 정보를 전달해 어떤 신경생리적 상태를 유발하고 사람들로 하여금 "빨갛다"라는 언어 행동 반응을 유발하는지 등에 대한 모든 지식을 가지고 있다. 그럼에도 메리가 흑백 방에서 나가 처음으로 빨간색을 보는 경험을 할 때 그녀는 무언가 새로운 것을 알게 된다. 메리는 빨간색을 볼 때의 느낌이 어떤 것인지 새로 알게 되었다고 할 것이다. 그렇다면 물리적 사실들을 모두 아는 것만으로는 빨간색을 보는 의식적 경험에 대해 다 안다고 할 수 없다. 빨간색을 보는 의식적 경험에는 물리적으로 규정될 수 있는 것 이상의 측면이 있다고 여겨진다.

이런 논증은 아픔과 같은 다른 의식적 경험에도 적용될 수 있다. C신경섬유 활성화 상태가 (CR)에서 명시된 인과적 역할을 수행한다는 것과 같은 물리적 사실들을 메리가 모두 알고 있다고 하더라도, 그녀가 아픔을 경험한 적이 한 번도 없다면 아픔을 처음 경험할 때 새로운 것을 알게 된다고 할 수 있다. 아픔을 경험함으로써만 알게 되는 아픔의 고유한 질적 측면은 아픔의 인과적 역할에 대한 규정만으로는 포착되지 않는 것 같다.

루이스는 유물론과 기능주의에 대한 이러한 도전에 능력 가설(Ability Hypothesis)을 통해서 대응했다[논문 "미친 아픔과 화성인의 아픔"의 후기에서 이런 대응을 제안했고 (PP1: 130-132), "경험이 가르쳐 주는 것(What Experience Teaches)"에서 더욱 본격적으로 대응 논의를 전개했다 (PME: 262-290)]. 능력 가설에 따르면 메리가 빨간색을 보는 경험을 처음 할 때 그녀는 새로운 사실적 지식(knowing that) 또는 명제적 지식(propositional knowledge)을 획득하는 것이 아니라, 새로운 능력적 지식(knowing how) 즉 능력을 획득하는 것이다. 즉 메리는 빨간색을 처음 보기 전에 어떤 사실이 성립한다는 것(that)을 몰랐던 것이 아니라 어떤 일을 할 줄(how) 몰랐던 것이다.

결국 능력 가설에 따르면 빨간색을 보는 느낌이 어떤 것인지 안다는 것은 (어떤 사실을 안다는 것이 아니라) 어떤 특정한 일들을 할 줄 안다는 것에 속한다. 능력 가설을 받아들인다면 수영에 대한 모든 물리적 사실을 아는 사람이 수영할 줄 모른다고 해서 유물론이 반박되지 않듯이, 빨간색을 보는 경험에 대한 모든 물리적 사실을 아는 사람이 빨간색을 보는 느낌이 어떤 것인지 모른다고 해서 유물론이 반박되지는 않을 것이다. 메리가 알지 못한 것은 빨간색을 보는 경험에 대한 그 어떤 사실도 아니기 때문이다.

메리는 빨간색을 보는 경험을 함으로써 어떤 능력(또는 능력적 지식)을 갖게 된 것인가? 루이스에 따르면 메리가 획득한 능력은 경험을 기억(remember)하고 상상(imagine)하고 다시 알아볼(recognize) 줄 아는 능력이다. 메리는 빨간색을 보는 경험을 새로 함으로써 그 경험을 기억할 줄 알게 되었고, 그것을 기억함으로써 그런 경험을 상상할 줄 알게 되었으며, 같은 경험을 하게 될 때 그것을 같은 경험으로 다시 알아볼 줄 알게 되었다.

이런 대응이 성공적이라면, 루이스는 유물론에 대한 강력한 반론으로부터 유물론을 방어할 수 있게 되었다고 할 수 있다. 그러나 루이스의 대응이 충분히 성공적인지에 대해서는 반론의 여지가 있다. 메리가 빨간색을 보는 경험을 함으로써 그 경험을 기억하고 상상하고 다시 알아볼 줄 아는 능력을 획득했다는 것은 충분히 인정할 수 있지만, 빨간색을 보는 느낌이 어떤 것인지 아는 것이 이런 능력들로 환원될 수 있는지는 의심스럽다. 우리는 메리에게 빨간색을 보는 특정한 경험을 (그것이 빨간색을 보는 경험이라는 사실은 알려 주지 않은 채) 하게 해서 그런 능력들을 갖게 할 수 있지만, 그때도 메리는 빨간색을 보는 느낌이 어떤 것인지 여전히 알지 못할 수도 있기 때문이다. [필자는 다른 글에서 이러한 반론을 사고실험과 함께 더욱 본격적으로 제기했다(선우환, 2004).]

참고문헌

선우환(2004). "물리주의와 지식 논변: 순이가 알지 못했던 것". ≪철학적 분석≫, 9.

신상규(2010). "현상적 감각 지식의 본성: 메리는 무엇을 새롭게 알게 되었는가?". ≪과학철학≫, 13(1).

한우진(2011). "복수 실현 가능성과 환원". ≪철학적 분석≫, 23.

Chalmers, D.(1996). *The Conscious Mind: In Search of a Fundamental Theory*. Oxford: Oxford University Press.

Jackson, F.(1982). Epiphenomenal Qualia. *The Philosophical Quarterly, 32*.

Jackson, F.(1986). What Mary Didn't Know. *Journal of Philosophy, 83*.

Kim, J.(2005). *Physicalism, Or Something Near Enough*. Princeton: Princeton University Press.

Lewis, D.(1966). An Argument for the Identity Theory. *Journal of Philosophy, 63*. reprinted in PP1.

Lewis, D.(1983). Postscript to "Mad Pain and Martian Pain". *Philosophical Papers,* vol. 1. Oxford: Oxford University Press. [PP1]

Lewis, D.(1990). What Experience Teaches. In Lycan, W.(ed.). *Mind and Cognition*. Oxford: Blackwell. reprinted in PME.

Lewis, D.(1999). *Papers in Metaphysics and Epistemology*. Cambridge: Cambridge University Press. [PME]

Schwarz, W.(2015). Analytic Functionalism. In Loewer, B. & Schaffer, J.(eds.). *A Companion to David Lewis*. Chichester, West Sussex; Malden, MA: John Wiley & Sons Inc.

10
철학적 연결망들

루이스의 두 가지 근본적 형이상학적 논제인 가능세계 실재론과 흄적 수반 논제는 그의 다양한 분석들과 서로를 지지하는 방식으로 연결되어 하나의 거대한 체계를 구성한다. 또한 루이스의 여러 분석들과 사유 방법들은 루이스 이후의 수많은 철학자들에게 중요한 영향을 미치는 방식으로 연결되어 있다. 루이스의 철학은 우리가 앞으로 철학적 사고를 하는 데 중요한 자원과 도구를 제공하는 지적 보고다.

루이스 철학의 연결망들

지금까지 우리는 루이스의 중요한 형이상학적 논제들과 이에 기초한 철학적 분석들을 차례로 살펴보았다. 이제 루이스의 두 가지 근본적 형이상학적 논제인 가능세계 실재론과 흄적 수반 논제가 다양한 분석·이론과 어떻게 연결되는지 정리해 보자.

루이스의 양상 언어 분석과 반사실 조건문 분석은 (구체적) 가능세계들에 대한 언급을 불가결하게 포함한다. 따라서 그 분석들의 유용성과 필요성은 가능세계 실재론(특히 참된 양상 실재론)을 지지한다. 인과 문장은 반사실 조건문을 통해 분석되므로 그것 역시 간접적으로 가능세계 실재론(특히 참된 양상 실재론)을 지지한다. 또한 지식 개념에 대한 분석에서도 가능성들에 대한 언급이 중요하게 사용되고 이들 가능성은 가능세계 개념을 통해 이해될 수 있으므로 이 역시 가능세계 실재론을 지지한다. 더 나아가 언어의 내포적 의미와 믿음 등 태도들의 내용을 체계적이고 명시적으로 규정하는 데에도 가능세계들이 중요하게 사용된다. 양상 개념, 반사실 조건문, 인과 개념, 의미와 내용 등을 체계적으로 이해하는 데 (구체적) 가능세계들의 존재가 필수적이라는 것은 그것들의 존재에 대한 중요한 논거다.

(이러한 분석적 유용성이 가능세계들의 존재에 대한 강력한 논거가 되는지에 대해서는 앞서 필자가 의문을 제기했지만 그 의문은 여기서 접어놓기로 하자.)

법칙 개념에 대한 루이스의 분석은 법칙에 대한 사실들이 흄적 수반을 하게 만든다. 그리고 루이스의 반사실 조건문적 분석은 반사실 조건문적 사실을 가능세계들 간 개별 사실들과 법칙의 유사성에 대한 사실로 만들므로 (그리고 법칙에 대한 사실들이 흄적 수반을 하므로) 반사실 조건문적 사실 역시 흄적 수반을 한다. 루이스의 인과 분석은 인과적 사실을 반사실 조건문적 사실로 만들므로, 인과적 사실 역시 흄적 수반을 한다. 따라서 흄적 수반에 대한 위협이라고 생각될 만한 여러 종류의 사실들이 루이스의 분석들을 통해 흄적 수반의 틀 내에 있게 된다. 그리하여 루이스의 여러 분석은 흄적 수반 논제에 대한 중요한 논거들을 제공한다.

한편 가능세계 실재론과 흄적 수반 논제는 이들 여러 분석의 토대 또는 동기가 된다. 우선 가능세계의 존재를 받아들이는 것이 가능세계들을 사용한 여러 철학적 분석을 가능하게 한다. 가능세계 개념 없이 이해하거나 규명하려 했을 때 분석에 어려움이 있던 많은 개념들이 가능세계 개념이 도입되면서 명료하게 체계적으로 이해되고 규명될 수 있게 되었다. 또한 흄적 수반 논제는 여러 분석들의 중요한 동기가 되었다. 흄적 수반 논제를 받아들이지 않고, 예를 들어 인과 관계에 대한 사실이 국지적인 질적 사실들의 조합에 수반하지 않는 근본적 사실이라는 주장을 받아들인다면, 인과 관계는 명료하게 이해되기 어려운 신비스러운 관계로 받아들여질 것이다. 이 지점에서 인과 개념을 더욱 기본적인 개념에 의거해 분석함으로써 인과에 대한 사실이 국지적인 질적 사실들에 의해 어떻게 결정되는지 파악하려는 동기가 강력하게 제기된다. 이처럼 루이스의 형이상학적 논제들과 철학적 분석들은 상호 지지하면서 연결되어 있다.

루이스 철학의 분석과 종합

루이스는 우리가 이 책에서 살펴본 분석들 외에도 다양한 다른 개념들에 대한 분석을 제시했다. 이런 분석들 중 많은 것이 가능세계를 언급하거나 (그 자체로 가능세계를 언급함으로써 분석된) 반사실 조건문이나 인과 개념을 사용한다. 속성·사건 등에 대한 분석에서는 가능세계가 직접 언급되고 성향, 지각, 합리적 결정, 정신 상태, 지속, 설명 등에 대한 분석에서는 인과 개념이나 반사실 조건문이 사용된다. 그리고 이들 분석은 모두 흄적 수반 논제에서 허용될 수 없는 종류의 개념들을 원초적 개념으로 사용하지 않는 분석이다.

즉 양상 실재론과 흄적 수반 논제는 루이스의 매혹적인 철학적 분석들에 골고루 퍼져 있으면서 그것들을 떠받치는 중요한 두 세계관이다. 그리하여 근세 합리론과 경험론 양대 진영의 절정에 서 있는 두 철학자, 즉 가능세계 개념을 처음으로 중요한 철학적 주제로 끌어들인 라이프니츠와 흄적 수반이라는 아이디어의 선구자인 흄의 전통은 루이스의 철학적 분석들에서 절묘한 결합을 이룬다.

루이스 철학과 오늘날 철학의 연결망들

루이스의 여러 분석과 방법론은 이후의 많은 철학자들에게 중요한 영향을 미쳤다. 루이스의 형이상학적 입장들에 동조하지 않는 철학자들도 어떤 방식으로든 그의 분석과 방법을 사용하거나 사용하고자 했다. 루이스의 참된 양상 실재론에 동의하지 않는 철학자들도 다양한 형태의 다른 가능세계 개념을 도입함으로써 가능세계를 이용한 분석을 사용하려 하거나(여러 종류의 대용자 양상 실재론이 그런 입장에 해당한다), 구체적 가능세계들의 존재에 대한 개입 없이 루이스식의 구체적 가능세계들을 분석에 사용하기 위한 전략을 추구하기도 했다[기디언 로즌(Gideon Rosen)의 양상 허구론(modal fictionalism)이 그런 입장에 해당한다].

가능세계 개념은 오늘날 철학의 여러 영역에서 광범위하게 사용되고 있다. 심리철학에서는 데이비드 차머스(David Chalmers) 등 대표적 철학자들의 논의에서 가능세계 개념이 매우 중요하게 사용된다. 차머스를 비롯한 심리철학자들이 물리주의를 정식화하고 이에 반하는 사고실험을 제기하는 과정에서 루이스가 다듬어 놓은 가능세계 개념과 양상 개념은 불가결했다. 또한 윤리학이나 가치론에서도 가능세계 개념은 매우 일반적으로 사용된다. 예를 들어 죽음이 죽는 당사자에게 나쁜 것인지 논의하기 위해 여러 철학자들은 죽음이 일어난 가능세계와 죽음이 일어나지 않은 가능세계를 가치 면에서 비교한다.

인과 개념에 대한 루이스의 반사실 조건문 분석은 그 자체로는 여러 반론에 직면했지만, 궁극적으로는 인과 개념에 대한 철학, 언어학, 전산학, 사회과학 등에서의 논의에 큰 영향을 미쳤다. 오늘날 그 여러 분야에서 널리 논의되고 있는 인과 모형(causal model) 이론은 훨씬 복잡한 형태로 발전하기는 했지만 인과 분석에서 반사실 조건문의 중요성을 깨달은 기반 위에서 전개되고 있다.

루이스가 분석적 기능주의에 사용한 분석의 방법론 역시 철학의 광범위한 분야들에서 사용되는 방법론 중 하나다. 루이스가 분석적 기능주의를 통해 옹호하고자 한 형이상학적 논제인 유물론에 동의하는지와 상관없이, 그러한 방법론은 다양한 개념들의 분석에서 널리 사용된다. 예를 들어 진리 개념을 기능주의적 방식으로 정의하고 기능적 역할을 수행하는 것으로서 진리 속성을 찾고자 하는 진리 다원주의(pluralism about truth)도 루이스식 방법론을 적용한 사례다(Lynch, 2009).

루이스의 영향은 오늘날 철학의 다양한 영역에서 광범위하게 나타나며, 그 대표 사례를 열거하기도 어려울 정도다. 루이스의 철학적 사유는 우리가 앞으로 철학적으로 사고하는 데 중요한 자원이자 도구가 될 것이며, 지속적으로 되돌아보아야 할 거대한 지적 보고라 할 수 있다.

참고문헌

Beebee, H. & Fisher, A.(eds.)(2020). *Philosophical Letters of David K. Lewis*(2 volumes). New York: Oxford University Press.

Chalmers, D.(1996). *The Conscious Mind: in Search of a Fundamental Theory*. Oxford: Oxford University Press.

Hitchcock, C.(2001). The Intransitivity of Causation Revealed in Equations and Graphs. *Journal of Philosophy, 98*(6).

Jackson, F. & Priest, G.(eds.)(2004). *Lewisian Themes: The Philosophy of David K. Lewis*. Oxford: Oxford University Press.

Nolan, D.(2005). *David Lewis*. McGill-Queen's University Press.

Nolan, D.(2015). Lewis's Philosophical Method. In Loewer, B. & Schaffer, J.(eds.). *A Companion to David Lewis*. Chichester, West Sussex; Malden, MA: John Wiley & Sons Inc.

Lewis, D.(1973a). *Counterfactuals*. Cambridge: Harvard University Press. [Cf]

Lewis, D.(1973b). Causation. *Journal of Philosophy, 70*. reprinted in PP2.

Lewis, D.(1983). *Philosophical Papers*, vol. 1. Oxford: Oxford University Press. [PP1]

Lewis, D.(1986a). *Philosophical Papers*, vol. 2. Oxford: Oxford University Press. [PP2]

Lewis, D.(1986b). *On the Plurality of Worlds*. Oxford: Blackwell. [OPW]

Lynch, M.(2009). *Truth as One and Many*. Oxford: Oxford University Press.

Pearl, J.(2009). *Causality: Models, Reasoning, and*

Inference(Second Edition). Cambridge: Cambridge University Press.

Preyer, G. & Siebelt, F.(eds.)(2001). *Reality and Humean Supervenience: Essays on the Philosophy of David Lewis.* Lanham, MD: Rowman & Littlefield Publishers.

데이비드 루이스(David Lewis, 1941~2001)

현대 영미철학의 대표적 철학자다. 1941년 미국의 오하이오주에서 태어났다. 하버드대학교 철학과에서 박사 학위를 받았고, 1970년부터 2001년 사망할 때까지 프린스턴대학교 철학과 교수를 지냈다. 형이상학, 언어철학, 논리철학, 심리철학, 과학철학, 인식론, 윤리학 등 철학의 여러 분야에서 중요한 이론들을 발전시켰다. 특히 가능세계 이론, 반사실 조건문에 대한 의미론, 인과 관계에 대한 분석, 기능주의 이론 등이 가장 큰 영향을 미쳤다. 대표적 저서로 ≪협약≫(1969), ≪반사실 조건문≫(1973), ≪세계의 다수성에 대하여≫(1986), ≪집합의 부분들≫(1991)이 있고, 논문집으로 ≪철학 논문집 1, 2≫(1983/1986), ≪철학적 논리학 논문집≫(1998), ≪형이상학과 인식론 논문집≫(1999), ≪윤리학과 사회철학 논문집≫(2000)이 있다.

선우환

서울대학교 철학과와 대학원 철학과를 졸업하고 프린스턴대학교 철학과에서 박사 학위를 받았다. 서울시립대학교 철학과 교수를 지냈고 연세대학교 철학과 교수로 재직 중이다. 한국논리학회와 한국분석철학회의 회장을 맡고 있다. 논문으로 "양상 이론의 딜레마", "통세계적 동일성의 문제와 양상 인식론", "술어에 대한 새로운 프레게적 이론", "상상가능성 논변들과 형이상학적 가능성", "직설법 조건문은 진리 조건을 가지지 않는가?", "양상 역설의 해결 방법들", "회의주의 문제와 지식의 정당화 조건" 등이 있다. 단독 저서로 ≪때문에: '때문에'의 의미에 대한 철학적 연구≫, 공저로 ≪김재권과 물리주의≫와 ≪서양철학과 주제학≫ 등이 있다. ≪기호논리학≫을 공역했다.